Yo, ________________

dedico este libro a ________________:

Que el «Maestro de maestros» le enseñe que en las fallas y lágrimas se esculpe la sabiduría.

Que el «Maestro de las emociones» le enseñe a contemplar las cosas sencillas y a navegar en las aguas de la emoción.

Que el «Maestro de la vida» le enseñe a no tener miedo de vivir y a superar los momentos más difíciles de su historia.

Que el «Maestro del amor» le enseñe que la vida es el espectáculo más grande en el teatro de la existencia.

Que el «Maestro inolvidable» le enseñe que los débiles juzgan y desisten, mientras los fuertes comprenden y tienen esperanza.

No somos perfectos. Decepciones, frustraciones y pérdidas siempre ocurrirán.

Pero Dios es el artesano del espíritu y del alma humana. No tenga miedo.

Después de la más larga noche vendrá el más bello amanecer. Espérelo.

_____/_____/_____

Análisis de la Inteligencia de Cristo

El Maestro de la Vida

DR. AUGUSTO CURY

Análisis de la Inteligencia de Cristo

El Maestro de la Vida

Jesús, el mayor sembrador de alegría, libertad y esperanza

GRUPO NELSON
Una división de Thomas Nelson Publishers
Desde 1798

NASHVILLE DALLAS MÉXICO DF. RÍO DE JANEIRO BEIJING

Publicado en Nashville, Tennessee, Estados Unidos de América.
Grupo Nelson, Inc. es una subsidiaria que pertenece completamente a Thomas Nelson, Inc.
Grupo Nelson es una marca registrada de Thomas Nelson, Inc.
www.gruponelson.com

Título en portugués: *O Mestre da Vida*

Publicado por GMT Editores Ltda.
Rio de Janeiro, Brasil

Traducción: *Maria Fernanda Oliveira*
Adaptación del diseño al español: *www.Blomerus.org*

ISBN: 978-1-60255-132-9

Impreso en Estados Unidos de América

4 5 6 7 8 9 QG 18 17 16 15 14

Él brilló donde no había ningún rayo de sol.
Después que pasó por la tierra, nunca más fuimos los mismos.

Contenido

Prefacio

Nos alegramos por el hecho de que la colección *Análisis de la Inteligencia de Cristo* esté siendo editada en diferentes países, ayudando a miles de lectores. Mi deseo al principio era publicar apenas tres libros; pero la personalidad de Cristo es tan espectacular que, cuando comencé a investigarlo más profundamente, me di cuenta de que serían insuficientes.

Pensaba, por ejemplo, en escribir un volumen acerca de los enigmas y las lecciones de la vida que están presentes en el juicio y en la muerte de Jesús. No fue posible. Hay tantos acontecimientos en su juicio y crucifixión que decidí comentarlos en dos libros. Esos momentos de la historia de Cristo son tan complejos y relevantes que cambiaron las páginas de la historia. Desde su arresto hasta su último suspiro en la cruz pasaron menos de doce horas, pero eso fue lo suficiente para dividir la historia en dos eras: antes de Cristo (A.C.) y después de Cristo (A.D.).

Todas las veces que registramos el año en que estamos, confirmamos que Jesucristo dividió la historia.

Un día, usted y yo vamos a morir y, con el paso del tiempo, caeremos en el olvido. Como máximo, solo algunas personas más íntimas nos recordarán y nos extrañarán. Sin embargo, el Maestro de maestros es inolvidable. Las reacciones emocionales y los pensamientos que tuvo en lo sumo de su dolor, esquivan completamente lo que se podría esperar de un hombre en medio del caos que Jesús enfrentó.

Analizaré aquí las profundas lecciones que nos dejó a lo largo de su vida, particularmente durante su arresto, su juicio y su condena a muerte. La forma como superó el dolor, venció el miedo, soportó la humillación pública y preservó la lucidez en un ambiente hostil, nos deja atónitos. Este libro termina cuando Él sale sangrando de la Fortaleza Antonia, la casa de Pilato, sentenciado a muerte y cargando la cruz.

En el próximo volumen de esta colección, *El Maestro del amor*, estudiaremos los eventos fundamentales que ocurrieron en su larga caminata hasta el Gólgota, los fenómenos misteriosos y las palabras inigualables que profirió durante su crucifixión. Jesús fue un Maestro del amor hasta que su corazón se silenció.

Concluyendo esta colección, *El Maestro inolvidable* investigará el perfil psicológico de los discípulos antes de la muerte de su Maestro, los conflictos, dificultades, temores y transformaciones por las cuales pasaron en las décadas siguientes. Estudiaremos la más profunda revolución ocurrida en la vida de personas indoctas. Aquellos galileos ignorantes y sin grandes calificaciones intelectuales, desarrollaron las funciones más importantes de la inteligencia, sufrieron un cambio profundo en lo más íntimo de su espíritu y, por fin, revolucionaron el mundo con el mensaje del carpintero de la vida.

Quienes no tuvieron la oportunidad de leer los libros en secuencia no necesitan preocuparse, pues se pueden leer por separado.

Doy gracias a todos los lectores, entre los cuales hay: rectores de universidades, médicos, psicólogos, profesores, empresarios, jóvenes y adultos, que nos han enviado e-mails y cartas animadoras revelando que abrieron las ventanas de sus vidas y oxigenaron sus emociones después de la lectura de estos libros.

Me alegro también porque muchas personas que profesan otras religiones cristianas nos escriben, diciendo estar encantadas con la personalidad del Maestro de maestros, afirmando que volvieron a encender la llama de su amor por Él y que por medio de ese amor eliminaron sus diferencias. Me anima saber que algunos ateos hayan recibido ayuda por medio de estos textos y que personas pertenecientes a religiones no cristianas también ganaran nuevo ánimo en sus vidas después de leer los libros de esta colección.

Estoy contento por el hecho de que diversas universidades de pedagogía y otros cursos, así como también escuelas de nivel medio, hayan adoptado estos libros, teniendo como objetivo estimular el arte de pensar y las funciones más importantes de la inteligencia, tanto de los profesores como de los alumnos.

A pesar de este avance, creo que la psicología y la educación tardarán muchos años en darse cuenta del error que cometieron dejando de investigar la personalidad de Jesucristo, y de aprovechar su riquísima historia para el entrenamiento de la emoción, así como también los mecanismos psíquicos y pedagógicos que él utilizaba para prevenir enfermedades y producir personas libres, felices y líderes en su propio mundo.

Las reacciones de deleite con el Maestro de la vida que esta colección ha provocado no son fruto de mi habilidad como escritor, sino de la excelencia del personaje que analizo. Estoy totalmente convencido de mis limitaciones para describir su grandeza.

Torturado, Jesús demostró espléndido coraje y seguridad. En el extremo del dolor físico, produjo frases poéticas. En lo sumo de su humillación, expresó serenidad. Cuando no había condiciones para proferir palabras, enseñó con el silencio, con la mirada, con las reacciones tranquilas y, algunas veces, con sus lágrimas.

Aunque este libro sea un estudio de filosofía y psicología, el lector encontrará también referencias a textos del Antiguo y Nuevo Testamento, señalando al autor, el capítulo y versículo donde se encuentran. Sugiero que, independientemente de su creencia, tenga una Biblia al alcance. La lectura de esos textos en el contexto más amplio en que se presentan, promoverá un mayor conocimiento de esta figura única y fascinante que con sus palabras, gestos y actitudes revolucionó al mundo y al espíritu humano.

AUGUSTO JORGE CURY

1 | Las causas sociales del juicio

Pasos apresurados, rostros contraídos y una intensa preocupación dominaban a una escolta de soldados que caminaban en la densa noche. Tenían órdenes expresas de arrestar a un hombre. Él no utilizaba armas ni obligaba a las personas a que lo siguieran, pero incomodaba a toda una nación, estremecía las convicciones de sus líderes, destruía los preconceptos sociales, proponía principios de vida y hablaba sobre las relaciones humanas de una forma nunca antes vista.

Jerusalén era una de las ciudades más grandes e importantes del mundo antiguo. Era la cuna de una cultura milenaria. Sus habitantes vivían de las glorias del pasado. Ahora, estaban bajo el yugo del Imperio Romano y nada los animaba. Entre tanto, apareció allí alguien que cambió la rutina de la ciudad. Solo se hablaba de un hombre que realizaba hechos inimaginables y poseía una elocuencia admirable. Un hombre que se esforzaba en vano para no ser asediado, pues cuando abría la boca encendía los corazones. Las personas se codeaban para oírlo.

El carpintero de Nazaret tallaba la madera con las manos y, con palabras, la emoción humana. ¿Cómo pudo alguien con manos tan ásperas ser tan hábil para penetrar en los secretos de nuestra alma?

Su dulzura y su afabilidad no sensibilizaron a los líderes de su sociedad, que intentaron varias veces sin éxito asesinarlo por apedreamiento. Buscaron hacerlo caer en contradicción, tropezar con sus propias palabras, pero su inteligencia los dejaba atónitos.

Su fama aumentaba cada día. Miles de personas aprendían el idioma del amor. Se hacía cada vez más difícil arrestarlo. Sin embargo, un hecho nuevo dio aliento a sus enemigos: uno de sus seguidores decidió traicionarlo.

El mañana es un día incierto para todos los mortales. Jesús, para sorpresa de sus discípulos, afirmaba que sabía todo lo que le ocurriría. ¿Qué hombre es capaz de penetrar en el túnel del tiempo y anticiparse a los hechos? Él sabía que iba a ser traicionado. Entonces decidió facilitar su arresto, pues tenía la fuerte convicción de que había llegado el momento de pasar por el caos más dramático que un ser humano pudiera enfrentar. Todos huyen de la cárcel; en cambio, Él la buscó.

Alejándose de la multitud, el Maestro de Nazaret se fue con sus discípulos a un jardín cercano a Jerusalén. Era una noche fría y densa. En ese jardín, como relata *El Maestro de las emociones*, volvió su rostro hacia los pies y, gimiendo de dolor, oró profundamente, preparándose para soportar lo insoportable. Sabía que iba a ser mutilado por sus enemigos y esperó la escolta de soldados.

Jesús se volvió indudablemente famoso

La presencia de Cristo en Jerusalén se estaba volviendo perturbadora. Llegaban personas de todas partes y de las ciudades cercanas para verlo.

El asedio de la multitud era aun más intenso porque pocos días antes de su muerte, hizo algo espectacular por su amigo Lázaro en Betania, una pequeña ciudad cerca de Jerusalén (Juan 11.1).

Frecuentemente perdemos contacto con nuestra historia. Los amigos y las bellas y sencillas experiencias del pasado se hacen páginas que difícilmente hojeamos. Jesús, a pesar de su fama, nunca se olvidaba de las cosas simples, ni abandonaba a aquellos que lo amaban. Lázaro estaba muerto hacía cuatro días. Nosotros a veces sepultamos muchos amigos que están vivos y nunca más nos acordamos de ellos. Jesús, al contrario, no se olvidaba ni de los que se habían muerto. Por eso fue a visitar a la familia de su amigo Lázaro.

¿Qué se puede hacer por una persona en estado de putrefacción? Después de quince minutos de paro cardíaco, sin maniobras de resucitación, el cerebro queda lesionado de manera irreversible, comprometiendo áreas nobles de la memoria. Esa situación puede ocasionar un alto grado de deficiencia mental, pues mucha información se desorganiza, impidiendo que los cuatro grandes fenómenos que leen la memoria y construyen las cadenas de pensamientos sean eficientes en esa magna tarea intelectual.[1]

La memoria de Lázaro se había vuelto un caos

Si quince minutos sin irrigación sanguínea son suficientes para lesionar el cerebro, imagínese qué ocurre después de cuatro días de haber muerto, como en el caso de Lázaro. ¡No hay nada más que hacer!

Todos los secretos de la memoria de ese hombre se habían perdido de manera irreparable. Billones, trillones de datos contenidos en el tejido cerebral y que sostenían la construcción de su inteligencia se habían

[1] Cury, Augusto J., *Inteligência Multifocal*, Cultrix, São Paulo, Brasil, 1998.

vuelto un caos. No había más historia de vida ni personalidad. Lo único que se podía hacer era intentar consolar el dolor de sus hermanas, María y Marta.

Todas las veces en que parecía no haber nada más que hacer, se aparecía el Maestro de la vida, sobrepasando las leyes de la biología y de la física. Cuando todo el mundo estaba desesperado, Él reaccionaba con tranquilidad.

Lázaro era una persona muy conocida, y por eso muchos judíos estaban allá consolando a sus hermanas. Cuando María vio al Maestro, se lanzó a sus pies, llorando.

Al verla así, Jesús también lloró. Lloró ante el dolor y la fragilidad humana. El hombre Jesús lloraba al ver las lágrimas de sus amigas. Somos muchas veces insensibles a la angustia de los demás, pero nada escapaba a la mirada de Jesús, ni siquiera el sentimiento de inferioridad de una prostituta o de un leproso.

Al llegar al lugar donde Lázaro estaba sepultado, Jesús pidió que quitasen la piedra del sepulcro. Angustiada, María argumentó sensatamente que su hermano ya estaba oliendo mal, pues había fallecido cuatro días atrás. Marta miraba al mundo posible; Jesús, al imposible. Con una seguridad inigualable, el Maestro la calmó diciéndole que no temiese, que solamente creyese.

Quitada la piedra, se aproximó sin importarle el espanto de las personas. Manifestando el poder incomprensible de quien está por sobre las leyes de la ciencia, ordenó que Lázaro saliera del túmulo.

Para perplejidad de todos, un hombre envuelto en ataduras obedeció la orden y vino inmediatamente al encuentro de Jesús. Billones de células nerviosas ganaron vida. Las conexiones físico-químicas que ordenan las informaciones en el cerebro se reorganizaron. El sistema vascular se repuso. Los órganos fueron restaurados, el corazón volvió a latir y la vida recomenzó a fluir en todos los sistemas de aquel cadáver.

Nunca en la historia, hasta el día de hoy, una persona clínicamente muerta, cuyo corazón dejó de bombear sangre hace varios días, recuperó la vida, la memoria, la identidad y la capacidad de pensar, como en el caso de Lázaro. Jesús era verdaderamente un hombre, pero concentraba dentro de sí la vida del Creador. Para Él no había muerte; todo lo que tocaba ganaba vida. ¿Qué hombre es ese que hace cosas que, ni en sus más profundos delirios, la medicina sueña realizar?

Quite la piedra

Hay una consideración que mencionar en este texto. Jesús realizó uno de los milagros más grandes de la historia. Con todo, antes de hacerlo, pidió que los hombres quitasen la piedra de la tumba.

Si tenía poder para resucitar a alguien, ¿por qué no lo utilizó para remover la piedra? Porque es necesario primero retirar la piedra de nuestro miedo, de nuestra inseguridad y de nuestro desespero para que Jesús pueda intervenir.

Sin la fe del ser humano, sin su cooperación, Jesucristo raramente interviene. Para Él, el mayor milagro no es la sanidad sobrenatural de un cuerpo enfermo, sino la superación del miedo, de la infelicidad y de la ansiedad de un alma enferma.

Por voluntad del Maestro de Nazaret, su amigo Lázaro salió del caos cerebral a la plena sanidad. A partir de ahí, la fama de Jesús, que ya era inmensa, se volvió incontrolable. Los líderes judíos, que habían intentado matarlo sin éxito, buscaban en vano contener la admiración que despertaba.

Desanimados, decían los unos a los otros: «Ya veis que no conseguís nada. ¡Mirad, el mundo se va tras él!» (Juan 12.19) O los líderes judíos lo eliminaban o se rendían a Él.

Los motivos que llevaron a Jesús a ser juzgado

El comportamiento del Maestro de Nazaret no agradaba a aquellos que tenían sed de poder y amaban el individualismo. Su posicionamiento incomodaba hasta a algunos de sus discípulos.

Ellos le pedían que no se ocultase, que se manifestara claramente al mundo. Les hubiera gustado ver a la cúpula judía y la romana inclinándose ante Él. Deseaban ver a su Maestro al más alto nivel, por encima de todos los hombres, para que cuando Él estuviera arriba, ellos pudieran disfrutar de su posición. No obstante, el Maestro los impresionaba con su comportamiento.

A pesar de ser tan poderoso, quería tener el más bajo estatus social. Aunque fuera el más libre de los seres humanos, anhelaba ser esclavo de la humanidad. Los discípulos no comprendían cómo alguien tan grande podía desear hacerse tan pequeño.

Solo una vez aceptó estar encima de los seres humanos. Fue cuando, colgado en la cruz, se volvió un espectáculo de vergüenza y de dolor. ¿Cómo es posible que una persona capaz de tener a todos a sus pies, haya preferido postrarse a los pies del mundo?

El Maestro no lograba ocultarse

Jesús era un fenómeno social imposible de ocultarse. A pesar de llevar una vida sencilla, sin ostentación, no lograba ser ignorado.

El Maestro de la vida no solo era seguido por innumerables personas al ser tocadas en el territorio de la emoción. Ellas se apasionaban por Él. Personas ricas y pobres, cultas e indoctas que nunca habían aprendido las lecciones más básicas del amor pasaron a admirar y amar a un carpintero. Muchos no podían esperar los primeros rayos de sol para salir al encuentro de aquel que diera un nuevo sentido a sus vidas.

La relación afectiva que Jesús tenía con la multitud era insoportable para los miembros de la cúpula judía. «Quedaban asustados con la posibilidad de una intervención de Roma, por el movimiento del pueblo que se organizaba en torno al Maestro de Nazaret. Perderían sus cargos y los beneficios del poder que la relación con el imperio les proporcionaba. En aquella época, hasta el sumo sacerdote era elegido por la política romana».[2]

Con todo, no era solo el miedo a la intervención romana lo que los preocupaba. La envidia también los acechaba. Nunca habían alcanzado un pequeño porcentaje del prestigio que tenía el Nazareno. Otro tema intolerable para los líderes de Israel era el de las acusaciones que Jesús hacía contra ellos. Pero lo que más los perturbaba era el hecho de que aquel simple hombre se declaraba el «Cristo», el ungido de Dios, el Hijo del Dios altísimo.

Critica al falso moralismo de los fariseos

Jesús era un hombre valiente. Lograba exponer sus pensamientos a riesgo de su propia vida. Decía que los fariseos limpiaban el exterior del cuerpo, pero no les importaba el interior.

El Maestro era delicado con todas las personas, incluso con sus opositores, pero en algunas ocasiones criticó fuertemente la hipocresía humana. Dijo que los maestros de la ley judía serían drásticamente juzgados, pues ataban cargas pesadas para que las personas las llevasen, mientras ellos no se disponían a moverlas ni siquiera con un dedo (Mateo 23.4).

[2] Josefo, Flavio, *A historia dos hebreus,* Brasil Editora CPAD, Río de Janeiro, 1990.

¿Cuántas veces no somos rígidos como los fariseos, exigiendo de las personas lo que ellas no logran soportar y nosotros mismos no logramos realizar? Exigimos calma de los otros, pero somos impacientes, irritables y agresivos. Pedimos tolerancia, pero somos implacables, excesivamente críticos e intolerantes. Queremos que todos sean estrictamente verdaderos, pero simulamos comportamientos, disfrazamos nuestros sentimientos. Deseamos que los otros valoren el interior, pero somos consumidos por las apariencias externas.

Tenemos que reconocer que, a veces, damos excesiva atención a lo que piensan y hablan sobre nosotros, pero no nos preocupamos de aquello que corroe nuestra alma. Tal vez no perjudicamos a los otros con nuestro fariseísmo, pero nos autodestruimos cuando no intervenimos en nuestro mundo interior, cuando no somos capaces de hacer un aseo general de sentimientos negativos como la envidia, los celos, el odio, el orgullo, la arrogancia, la autocompasión.

Jesús impresiona a los líderes de Israel con sus parábolas

Cierta vez, el Maestro fue invitado a comer en casa de un fariseo (Lucas 14.1). Era un sábado, había muchos invitados y todos lo observaban. Estaban atentos buscando descubrir alguna falla en Él, principalmente si violaría el sábado sanando a alguien. Como siempre ocurría, apareció una persona extremadamente enferma y, una vez más, Jesús sacudió la rigidez de los moralistas.

Antes de realizar el milagro, miró a los invitados y les preguntó: «¿Qué harían si un hijo o un buey se cayese a un pozo en un sábado? ¿No acudirían inmediatamente?» Nadie le contestó; algunos quedaron callados, otros, avergonzados.

El Maestro de la vida aprovechó la oportunidad para contarles una parábola más que ilustraba la necesidad compulsiva de prestigio y poder social. Les dijo que cuando fuesen invitados a una boda, no debían buscar sentarse en los primeros puestos para que, viniendo el novio, este no los sacase de allí para dar lugar a personas más importantes. Los animó a buscar el último lugar, para que el anfitrión los invitase a ocupar otro mejor, y así fueran honrados delante de los demás convidados.

En este mismo texto, ese brillante narrador de historias fue más lejos. Les recordó el individualismo, el egocentrismo y el cambio de favores presentes en el consciente y en el inconsciente humanos. Abordó un principio chocante que raramente es observado, aun por aquellos que dicen ser sus más ardientes seguidores (Lucas 14.12).

Les pidió que cuando preparasen una cena, no invitasen a los poderosos, a los ricos y a los amigos, porque estos tenían cómo retribuir. Les recomendó que invitasen a los ciegos, los cojos, los mutilados y los pobres, que no tienen cómo ofrecer nada a cambio. Según Él, la recompensa sería dada por aquel que ve lo que está escondido, por el Autor de la vida.

Deseaba que cuidásemos de los cojos, no solo los que tienen el cuerpo mutilado, sino también los que no logran caminar en esta turbulenta existencia. Anhelaba que ayudásemos a los ciegos, no solo los que no ven con los ojos, sino también los que están ciegos por el miedo, por el dolor de la depresión, por las pérdidas y las frustraciones.

¿Quién ama a las personas despreciadas como Él? ¿Quién acoge a los humildes y los honra como seres humanos únicos? ¿Quién dedica su tiempo, su atención, sus emociones para consolar a los heridos del alma? Con sus palabras sencillas y profundas, el Maestro desafió drásticamente no solo a los fariseos sino a todos nosotros.

El egoísmo, el orgullo y el individualismo son «virus» del alma que nunca mueren. Los podemos controlar, pero nunca los eliminamos. Si no los combatimos constantemente, un día surgirán en forma discreta, infectando nuestras emociones y distanciándonos poco a poco de nuestro prójimo.

Un amor que valora a cada ser humano

El Maestro se preocupaba por todos los que sufrían. Dedicaba tiempo intentando aliviar sus dolores y rescatando su autoestima, estimulándolos a no desistir de la vida. Deseaba ardientemente que nadie se sintiese inferior ante el desprecio de los demás y de las dificultades sociales.

Las emociones del Maestro eran inmensurables, mientras que las de los fariseos eran mínimas. Si alguien anhelaba ser su discípulo, tenía que ampliar los horizontes de su pequeño mundo e incluir a la gente, debía dejarse invadir por un amor que lo impulsase a cuidar de ellas.

Cristo decía que los sanos no necesitaban de médicos. Los fariseos, aunque estuviesen enfermos del alma, se consideraban satisfechos, plenamente sanos, autosuficientes.

Para Jesús, lo importante no era la enfermedad del enfermo, sino el enfermo de la enfermedad. No importaba cuán enfermas estaban las personas, ni cuánto se habían equivocado o se deprimían y angustiaban, ni hasta qué punto reconocían sus propias miserias emocionales. Los que tenían el coraje de admitir que estaban enfermos, sentían más el calor del cuidado del Maestro. Pero la autosuficiencia de los moralistas les impedía calentarse con su dedicación.

Principios que sobrepasan el sueño de todo humanista

Nadie estableció principios humanísticos ni elevó la solidaridad a un nivel tan alto como el Maestro de maestros de la escuela de la vida.

Ni los filósofos que utilizaron el mundo de las ideas para combatir frontalmente las injusticias, se preocuparon tanto del dolor humano.

Ni el más generoso de los capitalistas que divide las ganancias de sus empresas entre sus funcionarios, y dona parte de sus bienes, fue tan lejos en cuanto a respetar a las personas menos privilegiadas. Ni los mismos ideólogos marxistas alcanzaron niveles tan altos en sus aventuras humanísticas.

Jesús criticaba contundentemente la falta de humanidad de los fariseos y de los maestros de la ley. Se oponía al juicio preconcebido que hacían de las personas, a la arrogancia con que las trataban; su crítica, sin embargo, lejos de ser grosera, era delicada. Utilizaba simples y sabias parábolas para incentivarlos a pensar y reconsiderar los fundamentos de sus existencias.

Los fariseos se lavaban las manos antes de comer, pero aceptaban que la basura psicológica llenara sus vidas. Eran osados para señalar con el dedo los errores de los demás, pero tímidos para reconocer sus propias fragilidades. Aquellos que no tienen el coraje de mirar adentro de sí mismos, nunca corregirán los caminos de su propia historia.

Un hombre en la contravía de todos los paradigmas religiosos

La cúpula judía se consideraba representante de Dios en la tierra. Los temas acerca de Dios eran su especialidad. Se concluye por lo tanto que, con la llegada de Jesús, todos deberían estar extasiados, contentos, dispuestos a servirlo y a abandonar sus preconceptos religiosos. Pero, ¿cómo podrían servir a un Cristo que nació en un pesebre y creció en una ciudad despreciada, fuera de la influencia de los doctores de la ley? ¿Cómo podrían ser enseñados por un Cristo que se escondió debajo de la piel de un carpintero y tenía las manos ásperas de alguien que ejerce un trabajo humilde? ¿Cómo podrían amar e involucrarse con alguien que era amigo de pecadores, que acogía a las meretrices y cenaba en la casa de los detestables recaudadores de impuestos?

Según el concepto de los fariseos de la época, el Hijo del Altísimo debió haber nacido en Jerusalén, en una cuna de oro, no podía mezclarse con el pueblo, ni involucrarse con pecadores. Jesús era lo contrario a todo lo que se imaginaban acerca de Cristo. No podían inclinarse a los pies de un hombre que los combatía diciendo que ellos buscaban los primeros puestos en las cenas y en las sinagogas, y hacían largas oraciones con el objetivo de recibir elogios (Mateo 23.14).

Por todos estos motivos, el Maestro de Nazaret era fuertemente rechazado por la cúpula judía. Literalmente aturdía a los sacerdotes y a todos los partidos de Israel: los fariseos, los saduceos y los herodianos.

Aunque a veces los miembros de la cúpula judía lo admiraban y quedaban confundidos con su sabiduría, lo consideraban el autor de la mayor herejía que alguien hubiera proferido en toda la faz de la tierra. ¿Cómo podría ser el Cristo si combatía en contra de los celosos guardianes de la religión judía, en lugar de atacar a Tiberio y al Imperio Romano?

Ante tal blasfemia, los líderes de Israel decidieron que debía de ser muerto rápidamente. Por eso su juicio fue acelerado. Muchas personas que estudian el juicio de Cristo, no tienen noción de la secuencia de los hechos y de la rapidez con que se dieron.

Los líderes judíos intentaron matarlo, pero fallaron. Ahora era demasiado famoso. La multitud necesitaba ser sorprendida, la culpa de su muerte tenía que caer sobre el poder romano. ¿Cómo hacerlo? Era una tarea muy difícil, podría iniciar una gran revuelta popular. Entonces Jesús, para sorpresa de todos, facilitó el proceso. Fue al jardín de Getsemaní a entregarse sin ninguna resistencia.

La cúpula judía deseaba matarlo, pero jamás se imaginó que Él también tenía el deseo ardiente de morir. Como veremos, Jesús no hizo nada para librarse de aquel juicio injusto, humillante y torturante.

Nunca los hombres tuvieron tanto deseo de matar a una persona, sin saber que ella misma estaba tan dispuesta a morir. Jamás se tuvo noticia de un hombre tan feliz y sociable, que contemplaba los lirios de los campos y se presentaba como la fuente del placer humano, que desease enfrentar el camino más humillante y sufrido hacia la muerte. Sin duda, ¡Jesús tuvo la personalidad más interesante e intrigante de la historia!

2 | El Maestro de la vida paraliza a los soldados

Perturbó a los soldados

El fracaso de los intentos por arrestar a Jesús no se debía simplemente al asedio de la multitud, sino también al hecho de que era un reo diferente, capaz de confundir hasta a los soldados encargados de arrestarlo. Cierta vez, la cúpula judía envió un gran número de soldados para arrestarlo. Fue durante una importante fiesta judía. En el último día del festejo, bajo el riesgo inminente de ser arrestado, Jesús se levantó y una vez más dejó atónitos a todos sus oyentes.

Hasta los soldados se quedaron boquiabiertos. Maravillados, no lograron arrestarlo. Comenté en *El Maestro de maestros* que la psiquiatría, con todo su arsenal antidepresivo, trata sobre las depresiones y los demás trastornos emocionales, pero no sabe cómo hacer feliz al ser humano. En el discurso que profirió, Jesús afirmó en voz alta que podía producir un placer pleno en los que le creyesen, un placer que fluiría de lo íntimo del alma humana.

La industria del entretenimiento es uno de los sectores que más crece en el mundo. Pero una paradoja salta a la vista. Nunca tuvimos tantas opciones de diversión y seres humanos tan tristes, propensos al estrés y a diversas enfermedades psíquicas. Los éxtasis de placer no corresponden a una emoción estable, contemplativa y feliz.

¿Cuál es el termómetro de la calidad de vida en el mundo actual? La psiquiatría. Cuanta más importancia tenga la psiquiatría en las sociedades modernas, más apuntan los indicadores hacia un detrimento en la calidad de vida. Desgraciadamente, los consultorios están llenos. La psiquiatría y la psicología clínica tendrán gran importancia en el tercer milenio, pues habrá personas cada vez más enfermas, controlando mal sus pensamientos y sin proteger debidamente sus emociones ante los estímulos estresantes.

El discurso que Jesús profirió sobre el placer pleno, contrasta con el alto índice de trastornos emocionales en la actualidad. Los soldados se sintieron inmovilizados y regresaron con las manos vacías. Los que los enviaron quedaron indignados al oírlos decir que no lo arrestaron, porque «jamás hombre alguno ha hablado como este hombre» (Juan 7.46).

El impacto que los soldados sufrieron se repitió más adelante. La noche del arresto de Jesús fue coronada de acontecimientos sorprendentes. Los soldados quedaron paralizados delante del supuesto criminal. Examinemos lo que ocurrió.

El traidor y la escolta

El discípulo traidor llegó con una gran escolta que traía linternas y antorchas, y que estaba compuesta de un «destacamento» (Juan 18.3), reuniendo cerca de trescientos a seiscientos hombres. Era una cantidad demasiado grande para arrestar a un solo hombre. Pero el fenómeno Jesús justificaba esa cautela.

Los soldados esperaban agarrarlo desprevenido; pero fue Él quien los sorprendió. Anticipándose a los hechos, Jesús despertó a sus discípulos diciéndoles que había llegado el momento en que debía ser arrestado.

Horas antes, en la Última Cena, el Maestro dijo que uno de los discípulos iba a traicionarlo. No declaró el nombre, pues no le gustaba constreñir ni exponer a nadie públicamente.

Cuando Jesús se refirió al traidor, Judas tuvo la preciosa oportunidad de reflexionar y arrepentirse, pero no logró mirar con los ojos del corazón. El Maestro tuvo entonces una actitud osada. En vez de censurarlo, le dijo que se diera prisa en realizar lo que había planeado (Juan 13.27).

Traicionando a su Maestro por el precio de un esclavo, Judas decidió entregarlo. Pasó al frente de la escolta y se dirigió al jardín donde Él estaba. Hay un detalle aquí que necesitamos comprender. Era de esperarse que el traidor se protegiera, quedando detrás de los soldados y señalase de lejos a aquel que estaba traicionando. Pero Judas sabía que no sufriría riesgo alguno estando delante de la escolta, pues conocía muy bien a Jesús. Tal reacción es común aún en nuestros días. Aquellos que rechazan a Jesucristo, cuando se le acercan, cuando leen sus biografías, perciben que Él no ofrece ningún peligro para sus vidas. El único riesgo que sufren es el de ser contagiados por su amor.

La escolta de soldados no conocía la amabilidad y la gentileza de Jesús. Solo sabían que su misión era arrestar a aquel que magnetizaba a las multitudes y «perturbaba» a la nación de Israel.

He analizado diversos tipos de personalidades, incluso las de grandes hombres de la historia. En esos análisis pude constatar que inclusive políticos ilustres, artistas, deportistas o intelectuales son personas comunes y previsibles.

El Maestro de Nazaret era único e imprevisible. Fue capaz de sorprender cuando niño, cuando adulto, cuando libre, cuando arrestado, cuando juzgado, cuando crucificado y hasta cuando su corazón fallido pulsó por última vez, y sus pulmones castigados emitieron un grito inesperado.

El episodio de su arresto tiene varios momentos inusitados. Si comparamos los textos de los cuatro evangelios, podemos constatar que los soldados quedaron extasiados con varios factores. Los acontecimientos fueron tan impactantes que cayeron literalmente a tierra al dar la voz de arresto a Jesús (Juan 18.6).

En psicología, interpretar es el arte de ponerse en el lugar de la otra persona y ver el mundo con los ojos de ella, con las variables que la rodean. Aunque toda interpretación tenga límites, pongámonos en la perspectiva de los soldados para observar las escenas, los gestos de Judas y las palabras de Jesús.

Traicionado con un beso

Comenté acerca del beso de Judas en el primer libro de esta colección. Al leer esa parte, un lector me buscó diciendo que había aprendido una gran lección. Me contó que tenía un enemigo y que a veces pensaba en matarlo. Pero al meditar en la actitud de Jesús ante su traidor, se sensibilizó a tal punto que eso produjo una verdadera revolución en su modo de encarar la vida. Buscó al enemigo, le apretó la mano y lo perdonó. La consecuencia inmediata de aquella lectura fue desacelerar sus pensamientos, desechar sus ideas negativas y liberar sus emociones.

De este modo, el lector rescató nuevamente el placer de vivir. Como ya dije, la mejor forma de vengarnos de los enemigos es perdonándolos, pues así nos libramos de ellos.

A pesar de haber comentado sobre el beso de Judas en ese otro libro, me gustaría retomar brevemente ese episodio y abordarlo desde la probable óptica de aquellos que estaban encargados de arrestar al Maestro de Nazaret.

Es raro ser traicionado con un beso. Algunas traducciones de los evangelios relatan que Judas lo besó afectuosamente. Los soldados necesitaban una señal, pero quizás no pensaron en su significado. Solo se dieron cuenta después que el hecho ocurrió. Vieron a Judas besar afectuosamente a aquel que, para Israel, era considerado el hombre más peligroso. Se quedaron pasmados, pues no se imaginaban que el agitador de la nación fuera tan dócil.

Judas tampoco estaba consciente del motivo por el cual eligió esa señal para identificar a Jesús y consumar su traición. Si se hubiese dado cuenta de la dimensión de ese código, tal vez habría retrocedido. Judas no podía traicionarlo con injurias ni difamación, pues su Maestro solo sabía amar y entregarse. Si un día fuésemos traicionados, nuestros traidores tal vez pudieran tener argumentos para atacarnos, y utilizarían una señal grosera para identificarnos. Pero el Maestro del amor era inatacable. Solo un beso sería capaz de identificarlo.

Trató con amabilidad a su traidor

Nadie se imaginaba que una persona que estaba siendo traicionada y a punto de ser arrestada, tuviese la actitud tranquila del Maestro de la vida. Los soldados no entendían qué estaba ocurriendo. Esperaban ver la indignación y la revuelta de Jesús para con su traidor, pero presenciaron un beso. Momentos de silencio y reacciones de amabilidad. Más parecía un encuentro de amigos. ¡Y lo fue!

Jesús todavía consideraba a Judas como su amigo. Nosotros acostumbramos a romper relaciones con las personas cuando las frustraciones que nos causan hieren mortalmente nuestro encanto por ellas. Pero el hombre que daba la otra mejilla no tenía enemigos. La actitud del Maestro no era la de un desafortunado, sino la de alguien indescriptiblemente fuerte, alguien que sabía proteger sus emociones y oxigenar las áreas más íntimas de su inconsciente. Jesús encontró la libertad jamás soñada por la psiquiatría.

Con un desprendimiento inimaginable, Jesús llamó amigo a su traidor en el momento de la traición, y le dio una preciosa oportunidad más para que reconsiderase la dirección de su vida (Mateo 26.50).

Cristo nunca descargaba sus angustias sobre nadie. Momentos antes, su alma gemía de dolor. Minutos antes, sus pulmones respiraban exhaustos, su corazón latía aceleradamente, los síntomas psicosomáticos agredían su cuerpo y el sudor sanguinolento atestiguaba que se encontraba en lo sumo del estrés. Tenía por lo tanto, todos los motivos para descargar su tensión con Judas, pero tuvo una gentileza poética para con él.

Contrariamente a Jesús, casi siempre descargamos nuestras tensiones con las personas menos culpables por nuestra ansiedad. Cuando nuestra frágil paciencia se agota, herimos a aquellos que más amamos.

La historia registró un momento raro en el hecho de la traición de Judas: una escena de terror se transformó en una de amor. Los soldados no entendieron lo que estaba ocurriendo.

Insistió en ser arrestado

Otro acontecimiento increíble que desconcertó a los soldados fue la insistencia de Jesús en ser arrestado. Ellos sabían que una orden de arresto genera tumulto y ansiedad. El reo se resiste a entregarse, queda tenso, agresivo y, a veces, incontrolable. No alcanzaban a comprender por qué un hombre odiado por la cúpula judía se entregaba en forma tan tranquila y espontánea.

Después de llamar amigo a Judas, tratando de hacerle reconsiderar el episodio de la traición, Jesús se volvió a los soldados y antes que lo tocasen, preguntó: *«¿A quién buscáis?»* Respondieron: *«A Jesús Nazareno»*. Ante esa respuesta, se identificó: *«Yo soy»* (Juan 18.5).

Su actitud dejó a los soldados atemorizados, por lo que algunos cayeron al piso. Tal vez se preguntaron a sí mismos: «¿Cómo es posible que el hombre que sanó ciegos, resucitó muertos y debatió con los fariseos en las sinagogas se esté entregando voluntariamente?» y «¿Cómo puede alguien, bajo riesgo de muerte, entregarse de esta manera?» Arrestar a aquel que agitaba a Jerusalén, lo cual parecía una misión difícil y peligrosa, se transformó en la tarea más fácil.

Los soldados quedaron paralizados. No eran capaces de ponerle las manos encima. Ante aquella inercia, Jesús insistió: *«¿A quién buscáis?»* Respondieron nuevamente: *«A Jesús Nazareno»*. Con la osadía de quien no teme la muerte, respondió: *«Os he dicho que yo soy»* (Juan 18.8).

El relato de los discípulos que presenciaron la escena demuestra que los papeles fueron invertidos. La escolta de soldados estaba aprisionada por el miedo, y el prisionero, libre.

A excepción de la profunda angustia que el Maestro de maestros experimentó en el jardín de Getsemaní al reproducir en su mente la copa de la cruz y prepararse para tomarla, nada lo impresionaba. El Maestro de Nazaret gobernaba su inteligencia en las más turbulentas situaciones, y navegaba serenamente en las aguas más agitadas de la emoción. Sabía recuperarse pronto, incluso cuando estaba profundamente frustrado.

La traición de Judas y la negación de Pedro pudieron haberlo angustiado, pero se repuso rápidamente. Ni el conocimiento adelantado de todas las etapas de su martirio lo hizo sucumbir al miedo. Muchas personas sufren con anticipación. Imaginan problemas que no ocurrieron y se angustian como si ya hubieran ocurrido. No saben administrar su ansiedad y sus pensamientos anticipatorios.

Nada es tan bello y al mismo tiempo tan ingenuo que la emoción. Hasta los intelectuales tropiezan en el territorio de la emoción como si fueran niños. Aun las pequeñas cosas son capaces de robarles la tranquilidad. La emoción paga un alto precio por todos los pensamientos negativos, hasta por aquellos que solo están en la imaginación.

Infelices son aquellos que a pesar de ser aparentemente libres, están prisioneros en la cárcel de la emoción, llevados por el miedo a la crítica, dominados por la obsesiva necesidad de tener una imagen social intachable y por preocupaciones excesivas con los problemas de la vida. Desgraciadamente, en el punto en que más deberíamos ser libres, muchas veces estamos aprisionados.[3]

El Maestro de la vida quería pasar por la mayor de todas las pruebas: ser juzgado por los líderes de la religión judía, aquellos que supuestamente cuidaban de los asuntos de Dios, y por aquellos que dominaban el mundo, o sea, el Imperio Romano.

Protegió a sus discípulos

No terminaron ahí los acontecimientos inusitados ocurridos en el jardín de Getsemaní. Después de insistir a los soldados para que lo arrestasen, Jesús tuvo un gesto de gran nobleza y afecto. Intercedió por sus

[3] Cury, Augusto J., *A pior prisão do mundo*, Academía de Inteligência, São Paulo, Brasil, 2000.

discípulos. Pidió que no los arrestaran. Deseaba que ninguno de ellos se perdiese, no aceptaba que nadie fuera herido (Juan 18.8).

Cuando estamos atravesando un serio riesgo de muerte, los instintos prevalecen sobre la capacidad de pensar. No hay espacio para reflexionar sobre la situación que nos amenaza. Cuando estamos bajo gran tensión, como en los accidentes, no nos acordamos de las personas ni de todo lo que ocurre a nuestro alrededor. Disminuimos el razonamiento y dirigimos nuestros instintos hacia el escape o, en algunos casos, hacia la lucha.

Con Jesús eso no sucedía. Él era capaz de percibir los sentimientos de las personas, incluso en las situaciones más difíciles. Conseguía pensar en el bienestar de ellas, a pesar de saber que iba a morir lentamente en las manos de sus enemigos. Si tuviéramos un poco de su estructura emocional, las relaciones humanas dejarían de ser un desierto y se transformarían en un jardín.

Solamente una persona que vive absolutamente serena es capaz de no paralizar su mente en las situaciones estresantes y de preocuparse por las personas a su alrededor. Los soldados ciertamente no creían en lo que estaba ocurriendo. Algunos debieron haber sido conquistados por el amor de Cristo y probablemente se hicieron sus seguidores después de su muerte.

El heroísmo de Pedro y la protección de los soldados

Los discípulos no entendían muy bien a aquel hombre que seguían. Sabían que era poderoso, sabio, seguro, valiente, que se denominaba Hijo de Dios y que hablaba acerca de un reino de otro mundo. Todo era nuevo para ellos. Sabían que se trataba de un hombre que realizaba hechos inimaginables, pero no habían comprendido hasta aquel momento quién era y cuál era su verdadera misión.

Pedro aprendió a amar a Jesús, por lo que no aceptaba su partida. No se dio cuenta de que, al ser arrestado, el Maestro asumía plenamente la condición humana y, por tanto, no haría más ninguno de sus milagros. Jesús siempre dejaba confundidos a aquellos que pasaban a su lado. Sus discípulos vivían preguntando quién era Él. Algunas veces mostraba un poder que dejaba a todos asombrados; otras veces dormía al aire libre y gastaba su tiempo oyendo la historia de una persona del peor nivel social.

Por amar a Jesús, pero sin conocerlo con profundidad, Pedro decidió protegerlo. Tomó una actitud heroica que podría haber causado innumerables muertes, tanto a los soldados como a los discípulos. En una reacción insensata, hizo a un lado los largos mensajes acerca de la tolerancia que dio su Maestro, sacó la espada y le cortó la oreja al siervo del sumo sacerdote (Juan 18.10). Pedro esperaba que Jesús hiciera un milagro capaz de librarlo de la prisión, dejando a todos perplejos.

Jesús no quería hacer milagros para calmar los ánimos. Pero ante lo ocurrido, hizo una excepción y reasumió su poder. Rápidamente, sanó al siervo. No hizo un gran milagro, solo lo suficiente como para calmar la situación. Un gran acto sobrenatural podría haber evitado su arresto, pero Jesús quería ser arrestado, pues su hora había llegado.

Esa situación tumultuosa mostró la sabiduría y la habilidad del Maestro de Nazaret. Si no actuaba rápido, sus discípulos podrían morir y los soldados herirse. Como Maestro de la vida, Jesús no quería ni una cosa ni otra. Solamente una persona con gran lucidez y una visión multifocal de los conflictos sociales es capaz de deshacer rápidamente un clima de violencia.

Era el prisionero quien dirigía a los soldados. Más de trescientos hombres fuertemente armados no respondieron a la agresividad de Pedro. Comandados por Jesús, ellos contuvieron sus impulsos. Rara vez una persona es capaz de dejar completamente a un lado su seguridad para controlar los ánimos ajenos.

Morir era su destino: la copa

Después de inducir a los soldados, Jesús se voltea hacia Pedro y aun le da otra lección más. Dijo una frase enigmática que el discípulo solo entendería tiempo más tarde: *«La copa que el Padre me ha dado, ¿no la he de beber?»* (Juan 18.11).

La copa de Cristo estaba envuelta en misterio. Los discípulos no entendían que sería juzgado y muerto por los hombres y que eso estaba en los planes de su Padre. ¿Qué Padre es ese que reserva el caos para su hijo? ¿Qué plan es ese que incluye un juicio y una muerte tan drástica? Al final de este libro, hablaremos acerca del plan más grande y ambicioso de la historia.

Por más que los discípulos abrían sus oídos y las ventanas de sus mentes, no concebían la idea de que su Maestro fuera juzgado, torturado y muerto por sus opositores. Jesús le había dado sentido a la vida de ellos.

El sentimiento angustiante por la pérdida del Maestro tenía fundamento. No importa si la persona tiene una religión o no, o cuál sea ella. Todos los que se aproximaron a Jesucristo, sea por haber estado en su presencia, o por conocerlo a través de los evangelios, lograron atravesar sus inviernos existenciales más fortalecidos y reconfortados por la esperanza. En la historia, aun siglos después de su partida, siempre existieron personas originarias de todas las razas y culturas dispuestas a dar la vida por Él

Pedro era muy frágil al lado de Cristo, no tenía ninguna condición para protegerlo, mucho menos delante de tan grande escolta. Su reacción, aunque irracional, era justificada. Para los discípulos, perder al Maestro significaba volver a lanzar las redes en el mar de Galilea y retroceder en la comprensión de los misterios de la vida.

El amor rehúsa la soledad. Quien ama no acepta la pérdida, hasta que el tiempo alivie parcialmente el dolor de la ausencia. Quienes no aprendieron a amar la propia vida, las personas más cercanas a ello, no entenderán el lenguaje raro y bello del amor. El Maestro enseñó a sus frágiles discípulos los fundamentos de ese lenguaje. Perderlo era quedarse sin el timón de sus vidas.

3 | El poderoso y dócil: Un ilustre psicoterapeuta

Un poder extraordinario

Los acontecimientos enigmáticos que ocurrieron en el arresto de Jesús fueron muchos. Y el más misterioso de ellos aún estaba por venir. Después de revelar que debía ser arrestado, el Maestro le dijo a Pedro que no necesitaba de su protección. En una frase intrigante les reveló a los discípulos un secreto que ellos no conocían. Dijo: «¿Acaso piensas que no puedo ahora orar a mi Padre, y que él no me daría más de doce legiones de ángeles?» (Mateo 26.53).

Afirmó, sin medias palabras, que si quisiera podría tener inmediatamente bajo su control más de doce legiones de ángeles. En el ejército romano cada legión tenía cerca de tres a seis mil soldados. ¿Cuántos ángeles habría en cada legión a la que se refirió Cristo? Y, ¿qué poder tendrían para actuar en el mundo físico? Él era realmente misterioso.

Cuando interpretamos la personalidad de alguien, debemos poner atención a las cosas que las personas poco valoran. La frase de Jesús tiene varias implicaciones. Ella indica que el Maestro poseía un poder inmenso, uno mucho mayor que lo que demostraba tener, y mucho mayor que el que los discípulos podrían creer. También indica que actuaba en un mundo no físico y que, si quisiese, podría controlar un ejército de ángeles. Si desease, podría en cualquier instante terminar con su juicio, las sesiones de tortura y la crucifixión.

En el griego original, Jesús usa en ese texto términos militares para comprobar su poder. Ningún mortal sería capaz de proferir una frase como esa con tanta convicción, a no ser que estuviera delirando o teniendo un ataque psicótico. ¿Estaría Jesús delirando?

¿Cómo podría alguien tan lúcido, coherente, inteligente, capaz de superar las intemperies como el Maestro de la vida, estar sufriendo un ataque psicótico? Cristo en ningún momento perdió su lucidez. Veremos en el próximo libro algo que está al borde de lo imposible. Incluso muriendo, cuando todas sus fuerzas se agotaban, Él seguía una relación íntima con la sabiduría y era capaz de dar golpes inconcebibles de inteligencia.

Era tan sereno que, como vimos dos o tres minutos antes de hablar de su poder, tuvo actitudes que ni los más ilustres pensadores serían capaces de mostrar en un momento de estrés como aquel. Llamó amigo a su traidor y le dio la oportunidad de corregir las bases de su vida.

Ese hombre tan lúcido, que acababa de recibir la orden de arresto, dijo que tenía bajo su control ejércitos incomparablemente más fuertes que los del emperador romano. Al mismo tiempo, afirmó que no iba a usarlos. ¿Quién podría comprenderlo? Nosotros no perdemos cualquier oportunidad para demostrar nuestro poder. Jesús, al contrario, aprovechaba las oportunidades para ocultarlo.

Cristo habló de los ángeles en forma segura y natural. No dijo que creía en ellos, sino que legiones de ángeles se sometían a Él. Es poco confiable el misticismo que le falta el respeto a la capacidad de pensar y a la conciencia crítica. Nuestra tendencia es creer en todo, incluso perdiendo el respeto a nuestra propia inteligencia. El Maestro de maestros siempre valoró la inteligencia humana y estimuló a sus discípulos a que ensanchasen los horizontes del pensamiento, no a estrecharlos.

Debemos entonces preguntarnos: ¿Quiénes son esos seres llamados ángeles? ¿Poseen conciencia? ¿Tienen voluntad propia? ¿Sienten emociones? ¿Cómo leen la memoria y construyen cadenas de pensamientos? ¿Cuándo fueron creados? ¿Por qué fueron creados? ¿Dónde habitan? ¿Qué esencia los construyó? ¿Son inmortales? ¿Cuál es su poder y qué habilidad tienen para actuar en el mundo físico?

No quiero entrar en esa área, pero esas cuestiones son evidencia de que los fenómenos que envolvieron la historia de Jesús eran un pozo de misterios. Ningún estudioso de su personalidad puede quejarse de tedio. Cada reacción suya nos sorprende.

Después de corregir a Pedro, Jesús se dirige a los soldados y con seguridad comenta que no estaba siendo arrestado como un criminal. Dice que siempre estuvo disponible, en el templo y en tantos otros sitios públicos (Mateo 26.55). Afirmó así saber que sus enemigos lo buscaban, que no tenía miedo de ser arrestado y que no ofrecería resistencia en el momento de su arresto.

En el instante en que más necesitaba usar la fuerza, empleó el diálogo. Es imposible que no nos preguntemos: ¿Quién es ese hombre que cruzó las páginas de la historia e hizo todo al contrario de lo que hemos hecho?

Un ilustre psicoterapeuta

Cuando Jesús se entregó y fue maniatado, los discípulos se dieron cuenta de lo inevitable. Su Maestro, en realidad, viviría el martirio acerca del cual siempre les había advertido. Nada lo haría desistir de su destino, «ni los ejércitos de los cielos» que afirmó tener bajo su mando. Entonces se dispersaron amedrentados y confundidos como ovejas sin pastor. Exactamente como Jesús predijo.

Necesitamos tomar en cuenta algunas consideraciones importantes a ese respecto. ¿Cómo logró Jesús prever la dispersión de los discípulos? Como hombre, analizaba el comportamiento de las personas y percibía sus dificultades para controlar las propias emociones en los momentos de mayor estrés. Sabía que cuando el mar de la emoción está calmado, los seres humanos son buenos navegantes; pero cuando está agitado, pierden el control de sus reacciones. En realidad, no hay gigantes en el territorio de la emoción. Las personas sensatas y lúcidas tienen sus límites y, cuando se encuentran presionadas, muchas pierden el control. Algunas son seguras y controladas cuando no tienen nada en su contra, pero bajo el calor de la ansiedad se comportan como niños.

El Maestro de la vida era un excelente psicólogo. Sabía que el miedo controlaría el territorio de lectura de la memoria de sus discípulos, disipando la lucidez y paralizando la capacidad de pensar. No exigió nada de ellos cuando fue arrestado, solamente previó que, cuando el miedo los rodease, ellos se olvidarían de él y huirían, inseguros.

Nosotros exigimos lo que las personas no pueden dar. Casi todos los días tengo largas charlas con maridos, esposas, padres e hijos, y les pido que sean tolerantes, que no se guarden rencor ni rabia entre sí, explicando que no es posible dar lo que no se tiene. Es necesario plantar para después cosechar. Plantar diariamente la seguridad, la solidaridad, la honestidad, la perseverancia, la alegría en los pequeños detalles de la vida, la capacidad de exponer y no imponer las propias ideas, para mucho tiempo después cosechar esas funciones nobles de la inteligencia.

Si hubiera esperado mucho de sus discípulos, Jesús se habría frustrado excesivamente con el abandono de ellos, con la traición de Judas y la negación de Pedro. En cambio, los educó sin esperar resultados inmediatos.

Quien quiere ser un buen educador necesita tener la paciencia de un agricultor. Si deseamos vivir días felices, no debemos esperar resultados inmediatos.

Cuando educamos a nuestros hijos con todo cariño y ellos nos frustran con sus comportamientos, tenemos la impresión de que nuestras enseñanzas fueron como semillas lanzadas en tierra árida. Pero sutilmente, sin que percibamos, esas semillas un día brotan, crean raíces, crecen y se vuelven bellas características de su personalidad.

El Maestro de la vida aceptaba los límites de las personas, por eso amaba mucho y exigía poco, enseñaba mucho y demandaba poco. Esperaba que el amor y el arte de pensar, poco a poco floreciesen en el terreno de la inteligencia. Por dar mucho y exigir poco, protegía sus emociones, no se decepcionaba cuando las personas lo frustraban, ni las sofocaba con sentimientos de culpa e incapacidad.

¿Por qué predijo que sus discípulos lo abandonarían en el momento más angustiante de su vida? Para protegerlos contra los sentimientos de culpa, de incapacidad, de autodesvalorización que surgirían al reflexionar en sus fragilidades. No solo se preocupaba del bienestar físico de sus discípulos, sino que esperaba que no desistiesen de sí mismos cuando fracasaran.

Tal comportamiento evidencia el aspecto de Jesús como psicoterapeuta. Él no era solo un maestro, un médico, un amigo, un educador y un comunicador del más alto nivel, sino también un excelente psicoterapeuta. Lograba prever las emociones más sutiles y angustiantes de sus discípulos, antes de que ellas surgieran y les daba la capacidad de superarlas.

¿Cuántos se suicidan como Judas por estar decepcionados consigo mismos? ¿Cuántos, ante sus errores, se avergüenzan y retroceden en su jornada? ¿Cuántos no se dejan aplastar por sentimientos de culpa y sufren crisis depresivas debido a sus fallas? Jesús sabía que el ser humano es el peor verdugo de sí mismo. Por eso, estaba siempre buscando aligerar el yugo de la vida, libertar la emoción de la cárcel.

Ninguno de aquellos que acompañaban al Maestro de Nazaret vivía martirizándose. Hasta una meretriz se sentía aliviada a su lado. Algunos vertían lágrimas al ser tratados por Él con tanto amor, por darles continuamente una oportunidad. ¿Será que las personas se sienten menos estresadas a nuestro lado? ¿Será que les ofrecemos las condiciones apropiadas para que abran sus almas y nos cuenten sus problemas? No son pocas las veces en las que al ver fracasar a las personas, nosotros las criticamos en vez de ayudarlas a que se levanten.

El más excelente Maestro de la emoción sabía que sus discípulos lo amaban, pero aún no tenían la estructura para vencer el miedo, el fracaso, las pérdidas. Previó que ellos lo abandonarían, y que eso serviría para que se conocieran mejor y comprendieran sus limitaciones, para que fueran fuertes después de las derrotas.

El comportamiento de Jesús otra vez une características casi irreconciliables. Él demostró tener un poder incomprensible, capaz de mandar a ejércitos de ángeles. ¿Qué se puede esperar de una persona tan fuerte? Autoridad, juicio, rigidez, imposición de normas, críticas agresivas. No obstante, encontramos en Él afecto, tolerancia, comprensión de las fallas, gentileza y ausencia de resentimientos.

Es horrible convivir con una persona rígida, que desea que todos vean el mundo solo a través de sus ojos. Pero es bueno convivir con alguien maleable, capaz de ver con los ojos del prójimo.

La personalidad de Jesús es encantadora. Difícilmente encontraremos a alguien que en la cumbre del poder, bajara para sondear los sentimientos más ocultos del ser humano. Cualquiera que quisiera ser discípulo de Jesús jamás podría considerarse listo, pero tampoco jamás iba a desistir de sí mismo.

El Maestro de la vida no buscaba gigantes ni héroes, sino personas que tuvieran el coraje de levantarse después de caer, de retomar el camino después de fracasar.

Perdonó antes del fracaso

Rara vez ponemos atención a los detalles que orientan el comportamiento de Jesucristo. Su cuidado afectuoso era fascinante. Él ya estaba perdonando a los discípulos, antes de que ellos fracasaran.

¿Quién es el abandonado que es capaz de tener ánimo para cuidar de aquellos que lo abandonaron? Una ofensa hecha por un hijo, una frustración producida por un amigo o un compañero de trabajo nos irritan, y la consecuencia inmediata es la impaciencia. Cuantas veces afirmamos: «¡Con ese no hay más qué hacer!»

Cierta vez, el Maestro les dijo a sus discípulos que si una persona se equivocase y les viniera a pedir perdón, ellos debían perdonarla. Si se equivocase siete veces y siete veces les pidiera perdón, siete veces debía ser perdonada. En otra ocasión afirmó que debíamos perdonar a las personas setenta veces siete. En realidad, quería decir que debíamos perdonar siempre, continuamente, aunque la persona que se equivocara fuera la más terca y obstinada del mundo.

Jesús, el más dócil psicólogo infantil, enseña a los padres a tener paciencia en la educación de los hijos, aunque estos hagan dos o tres veces el mismo error en un mismo día. ¿Cómo es posible tener la paciencia y la tolerancia que Él recomendaba? Si el foco de nuestra atención fueran los errores de las personas, perderíamos la calma ante la repetición de su comportamiento inadecuado. Pero si nuestro foco de atención fueran las personas y no sus errores, comenzaríamos a cambiar nuestra actitud. Seríamos capaces de darles una nueva oportunidad.

Y si aprendemos con el Maestro de maestros a entregarnos sin esperar nada a cambio, daremos un salto mayor aun, pues estaremos protegiendo nuestras emociones. Aprenderemos a tener una felicidad que no depende mucho de las circunstancias externas. La felicidad de Jesús que emanaba de adentro hacia fuera, poco dependía de los resultados externos.

No debemos pensar que la actitud de Jesús como educador era pasiva. Al contrario, era revolucionaria. Todos los que observaban su calma, su inteligencia fenomenal, su seguridad y su capacidad de nunca perder la esperanza en las personas, comenzaban a cambiar completamente su forma de ver la vida. Así, aunque se equivocasen mucho, la convivencia con el Maestro iba transformando y desechando su rigidez, su orgullo, su agresividad. Los discípulos jamás se olvidaron de las lecciones preciosas que les dio. Jesucristo moriría, pero se volvería un Maestro inolvidable.

Los discípulos fueron temporalmente vencidos por el miedo. Pedro, Santiago, Juan, Bartolomé, Felipe, Tomás, Mateo, en fin, todos sus amados amigos huyeron. Él fue arrestado, quedó solo. Aunque no amase la soledad, no quiso compañía, pidió a los soldados que dejasen que se fueran sus amigos.

El mundo iba entonces a asistir a una noche de terror y al más injusto de los juicios. Un juicio bañado de odio, escarnio y tortura. Jesús fue arrestado gozando de plena salud. Con todo, quedamos aterrados al pensar en la violencia y en los malos tratos que sufrió. En menos de doce horas, sus enemigos destruyeron su cuerpo antes de crucificarlo.

El Maestro del perdón fue tratado sin ninguna tolerancia. Nunca alguien que se preocupó tanto del dolor humano, fue tratado de manera tan cruel.

4 | Rechazado y torturado en la casa de Anás

La secuencia de los hechos en el juicio de Jesús

Antes de analizar el dramático juicio vivido por Jesús, quiero hacer algunos comentarios acerca de cómo, cuándo y por qué los evangelios fueron escritos.

Jesús estuvo cerca de tres años y medio al lado de los discípulos. Frecuentemente hay un intervalo de semanas o meses entre los acontecimientos descritos en los evangelios.

La mayor parte de sus palabras y sus comportamientos no fue registrada. Solo algunos hechos que causaron mayor impacto en los discípulos están presentes en los cuatro evangelios, y pueden considerarse biografías sintéticas.

El único momento de la vida de Jesús relatado con todos los detalles, hora tras hora, fue el de su juicio y su crucifixión. Entre el arresto y la crucifixión se pasaron menos de doce horas, y de la crucifixión a la muerte, cerca de seis. A pesar del corto período, los relatos de esos momentos son cruciales. Fueron, sin duda, las más largas e importantes descripciones de un singular período de su vida. Según sus propias palabras, Él vino para esa hora y esperaba ansiosamente por ella (Juan 12.27).

La decisión de registrar lo que el Maestro de maestros vivió no fue tomada durante el período en que los discípulos estuvieron al lado suyo, ni luego después de su muerte. Ocurrió muchos años después. El evangelio más antiguo, el de Marcos, fue probablemente escrito entre 50 y 60 A.D., por lo tanto, más de veinte años después. El Evangelio de Lucas fue probablemente escrito en el año 60 A.D., el de Mateo entre 60 y 70 A.D. El Evangelio de Juan fue el más tardío, escrito probablemente entre 85 y 90 A.D., por lo tanto, más de medio siglo después de la muerte del Maestro.

Por haber sido escrito mucho tiempo después de la muerte de Jesús, el relato de ciertos acontecimientos naturalmente perdió algunos detalles o dio énfasis a ciertos hechos. Por ese motivo, existen algunas pequeñas diferencias en los mismos eventos descritos en los evangelios, como en el caso del juicio de Jesucristo: cuatro evangelios lo relatan, pero cada cual en sus dimensiones respectivas y con sus propios detalles.

Esas diferencias aseguran que Jesús fue un personaje histórico real, como demostré en los libros anteriores. Sería imposible para la mente humana crear un personaje como Él.

Lo que motivó a los discípulos a escribir sobre Jesucristo en diferentes épocas, fue la intensa historia de amor que ellos vivieron con Él. El Maestro de la vida se distancia totalmente de lo que se podría esperar de un hombre tan fuerte e inteligente. El carpintero de Nazaret tocó las emociones de miles de hombres y mujeres.

Durante las primeras décadas de esta era, no había nada escrito acerca de Jesucristo. ¿Cómo, entonces, las personas que no lo conocieron eran nutridas por sus enseñanzas? Por los relatos vivos de aquellos que convivieron íntimamente con Él, principalmente los discípulos.

Los discípulos debieron haber pasado horas charlando acerca de cada palabra, cada gesto, cada pensamiento de Jesús. Probablemente tenían la voz bloqueada y algunas veces vertían lágrimas al recordarlo. Los pescadores de Galilea, que antes olían a pescado, ahora exhalaban una dulce fragancia de amor.

La organización de los libros llamados evangelios

El material que los discípulos utilizaron para escribir los evangelios fue organizado por medio de investigaciones y anotaciones detalladas. Es el caso de Lucas, que no conoció a Jesús pero, como él mismo declaró, investigó minuciosamente los hechos relacionados con su vida (Lucas 1.3).

Los evangelios tienen una síntesis, una lógica, una coherencia que impresionan a los investigadores. Todas las personas, hasta los científicos, deberían leerlos, aunque no tengan curiosidad acerca del cristianismo. La lectura de esos libros abre las ventanas de nuestra mente, nos conduce a un profundo proceso reflexivo y, por lo menos, nos hace crecer en sabiduría.

Muchos creen que los evangelios fueron escritos bajo inspiración divina. La inspiración divina entra en la esfera de la fe, y su investigación sobrepasa el objetivo de este libro. Independientemente de tal inspiración, los escritores de los evangelios utilizaron una investigación detallada para elaborar sus textos. Por eso, no se copiaron unos de otros, sino que los cuatro se complementan. Unos describen de forma sucinta algunos hechos, otros detallan mejor ciertas situaciones.

Eso queda particularmente claro en el juicio de Jesús. Solamente Lucas relata que Jesús pasó por las manos de Herodes Antipas, el hijo de Herodes el Grande, el rey que quería matarlo cuando tenía dos años de edad. Sin embargo, el registro más detallado del juicio de Jesús en la casa de Caifás, el sumo sacerdote, está en el Evangelio de Mateo. Por otro lado, Mateo no ofrece mayores explicaciones sobre lo que ocurrió con Jesús ante Pilato. Él concluye el texto diciendo que el Maestro fue azotado por orden de Pilato, luego condenado e inmediatamente tomó la cruz y se fue hacia el Gólgota. Todavía, ocurrieron varios hechos importantísimos después de los azotes.

Si leemos apenas Mateo, comprenderemos el juicio hecho por el Sanedrín, grupo compuesto por los líderes de la religión judía, pero poco sabremos acerca del juicio realizado por la ley romana. Necesitamos leer el libro de Juan para conocerlo. El Evangelio de Juan narra determinados hechos y algunos diálogos entre Jesús y Pilato, que no fueron registrados por los otros autores. Relata, por ejemplo, que después de los azotes Jesús aún pasó por otros sufrimientos, fue coronado con espinas, burlado por un grupo de soldados y volvió a sostener un diálogo particular con Pilato.

Muchos soldados que presenciaron esas escenas se volvieron discípulos de Jesús después de su muerte. Algunos verdugos fueron contagiados por su amor. Ellos les dieron sus testimonios a los escritores de los evangelios sobre el drama que Jesús vivió en su juicio, y la violencia con que fue tratado. Algunos fariseos que lo amaban secretamente también contribuyeron a esos relatos.

Acompañaremos, a partir de ahora, al más misterioso y amable de los hombres en el momento en que sufre el más violento e inhumano juicio.

De esa historia de dolor vivida por el Maestro de la vida, podremos extraer profundas lecciones para volver a escribir algunos capítulos fundamentales de nuestra propia historia.

Jesús fue interrogado, juzgado y torturado por cuatro personas: Anás, Caifás, Pilato y Herodes.

Interrogado por Anás

Después de ser arrestado, la primera casa adonde los soldados llevaron a Jesús fue la de Anás. Este ya había sido sumo sacerdote, el puesto máximo en la jerarquía de la religión judía. En el año que Jesús fue juzgado, el sumo sacerdote era el yerno de Anás, Caifás.

Como vimos, Jesús se había vuelto, sin duda, muy famoso. A pesar de eso, se entregó en forma tan súbita que nadie sabía de su arresto, sino los discípulos.

Anás estaba nervioso pues temía que al despertar por la mañana, la multitud protestase cuando supiera que Jesús estaba encarcelado. Entonces, cuando este llegó, comenzó a interrogarlo acerca de sus discípulos y su doctrina (Mateo 26.57). En realidad no quería interrogarlo, solo encontrar motivos para que fuera condenado a muerte.

El Maestro sabía que allí se iniciaba una de las etapas de su juicio. Sabía que Anás no estaba interesado en conocer sus ideas, ni su propósito.

El clima era perturbador. Un grupo numeroso compuesto por soldados y siervos cercaba a Jesús. Querían ver cómo reaccionaría lejos de las multitudes que lo asediaban. Tal vez querían verlo por primera vez tímido, nervioso, amedrentado. Con todo, aquel hombre parecía no debilitarse. Contrariamente a nosotros, no se doblegaba ante el miedo.

Ante la presión de Anás para que hablase, Jesús da una respuesta que suena desafiante en ese ambiente amenazador. Dice: «Yo públicamente he hablado al mundo; siempre he enseñado en la sinagoga y en el templo, donde se reúnen todos los judíos, y nada he hablado en oculto» (Juan 18.20). Su respuesta no termina ahí. Respaldado por una sólida confianza en sí mismo, enfrenta a Anás y los soldados que lo rodean y sin ningún temor, añade: «¿Por qué me preguntas a mí? Pregunta a los que han oído, qué les haya yo hablado; he aquí, ellos saben lo que yo he dicho».

Esa respuesta, que es la primera durante su juicio, tiene varias implicaciones que merecen ser analizadas.

Habló francamente al mundo

Jesús afirma, sin titubear, que había hablado sinceramente al mundo. Nadie fue tan sincero como Él. No tenía miedo de afirmar lo que pensaba y nunca fingía. En determinadas situaciones, su integridad se veía amenazada, y lo mejor que podría hacer para protegerse era callarse. Pero aun bajo el riesgo de ser agredido por sus opositores, se pronunciaba.

Su coraje cambió la historia. Pronunció palabras que no solo transformaron al mundo de su época, sino que todavía nos dejan fascinados y pasmados en la actualidad. Habló sobre puntos jamás comentados, abordó temas nunca antes pensados por la psicología, la filosofía, la educación ni la religión.

Interrogó a su interrogador

Es propio de un reo quedarse callado, intimidado y ansioso delante de un tribunal. El más violento de los hombres es capaz de comportarse como un niño cuando le quitan el poder. Algunos, por medio de sus abogados, piden clemencia y niegan las acusaciones que se les hacen.

Jesús compareció sin ningún abogado. No lo necesitaba, pues su inteligencia era imbatible. Ya se había escapado de situaciones más dramáticas. Con humildad magistral, abrió las ventanas de la mente de sus opositores instigando la inteligencia de ellos. Confundidos, ellos lo dejaban y regresaban a sus casas.

Ahora, Jesús se dejaba arrestar y estaba siendo juzgado. Todos querían su muerte y, por increíble que parezca, Él también la deseaba. Sus acusadores querían matarlo para anular la vida, no obstante, Él quería morir para dar vida. En su juicio no luchó a favor de sí mismo; se entregó integralmente a la decisión humana.

El Maestro de la vida expuso cerca de veinte pensamientos en ese juicio, todos con significados inimaginables, pero ninguno con el objetivo de que lo liberaran. Al contrario, tales pensamientos pusieron más leña en la hoguera del odio que sus enemigos sentían hacia Él. Pero eso no le importó. Él reveló claramente su identidad y su misión, aunque con pocas palabras. Cuando estaba libre, evitó decir quién era; al ser arrestado y amenazado, no se intimidó. Al contrario, hizo relatos espectaculares acerca de su persona, principalmente a Anás y a Pilato.

No pidió clemencia. Dijo que todos sus pronunciamientos habían sido hechos públicamente y, que si querían respuestas, debían interrogar a los que lo oyeron. Con tal afirmación —osada y poco común para un reo—, mostró claramente que sabía que su juicio era un teatro, que en aquel momento nadie estaba interesado de verdad en lo que decía, porque todos ya lo conocían. Por esa razón, si querían matarlo por lo que había dicho, Él también estaba dispuesto a morir por esa causa.

Abofeteado con violencia por un soldado

Los soldados que estaban presentes, sabían que los líderes judíos en diversas ocasiones habían tramado la muerte de Jesús, sin tener éxito.

Parte de los soldados se sentía confundida, pues lo admiraban pero no tenían fuerzas para protegerlo. Otra parte, probablemente la mayor, estaba totalmente influenciada por los líderes de su nación. Manipulados por estos, pasaron también a odiarlo sin saber claramente los motivos.

Como Jesús no respondió a Anás y le recomendó que preguntara a miles de judíos lo que había dicho públicamente, el clima de violencia contra Él explotó. Inmediatamente, un soldado se vuelve y le da una violenta bofetada. El golpe debe haberle causado vértigo e inflamación en la cara.

Acerca de esa agresión, me gustaría analizar tres brillantes características de la personalidad de Jesús que demostró al recibir ese primer golpe físico, las que caracterizarían su comportamiento durante todas las torturas que sufrió. Primero, Él pensaba antes de reaccionar; segundo, nunca devolvía la agresión que le hacían; tercero, era capaz de estimular a sus agresores a reflexionar dentro de sí mismos y a reconsiderar su violencia. La manera como reaccionó es completamente distinta a la forma en que nosotros reaccionamos ante situaciones de riesgo y dolor, sean físicas o psicológicas.

Para exponer esas tres características, necesitamos comprender algunos fenómenos que forman los pensamientos e integran el funcionamiento de la mente.[4]

El gatillo de la memoria

El gatillo de la memoria es un fenómeno inconsciente, que hace las lecturas inmediatas de la memoria de acuerdo a determinado estímulo. El miedo súbito, las respuestas no pensadas, las reacciones inmediatas, son derivados del gatillo de la memoria. Ante una ofensa, un corte en

---

[4] Cury, Augusto J., *Inteligência Multifocal*, Cultrix, São Paulo, 1998.

la mano, una frenada brusca o una situación de riesgo cualquiera, ese gatillo es accionado, produciendo una lectura rapidísima de la memoria y generando las primeras cadenas de pensamientos y las primeras reacciones emocionales.

Solamente después de segundos o de una fracción de segundo es que el «yo» (voluntad consciente) inicia su trabajo para administrar el miedo, la ansiedad y la angustia que invadieron el territorio de la emoción. Eso explica por qué es difícil administrar las reacciones psíquicas. Gran parte de nuestras primeras reacciones no son determinadas por el «yo», sino detonadas por el gatillo inconsciente de la memoria.

Una persona agredida, ofendida, bajo riesgo de morir, o sea, bajo un estímulo de estrés, rara vez logrará controlar sus pensamientos. En esas situaciones, el individuo reacciona sin pensar. Para retomar el control de su inteligencia, el «yo» tendrá que gobernar los pensamientos negativos, cuestionándolos y criticándolos. Así, la persona sale del punto del estrés y se vuelve líder de su mundo. Pero, frecuentemente somos frágiles víctimas de los procesos de nuestra psique.

¿Quién piensa antes de reaccionar en situaciones estresantes? No exija lucidez de las personas cuando están heridas, amenazadas o ansiosas. Sea paciente con ellas, pues el gatillo de la memoria estará produciendo miedo, rabia, odio, desespero, que a su vez, paralizan la libertad de pensar. Cuando nuestras emociones están exaltadas, reaccionamos por instinto, no como seres pensantes.

Jesús fue ofendido diversas veces en público. Pero no se dejaba perturbar. En algunas situaciones lo expulsaron de la sinagoga, pero mantenía sus emociones intactas. Corrió riesgo de muerte en algunas ocasiones, pero permaneció libre en vez de estresarse. El mismo coraje que lo movía a hablar lo que pensaba, protegía sus emociones ante los estímulos estresantes.

Nosotros perdemos con facilidad la paciencia con los hijos, con los amigos, con las personas que nos frustran. Desafortunadamente, bajo un estímulo estresante, psicólogos y pacientes, ejecutivos y trabajadores, padres e hijos detonan el gatillo de la memoria y producen reacciones agresivas que los dominan, aunque sea por algunos momentos.

Nos herimos a nosotros mismos y no pocas veces provocamos dolor en las personas que más amamos. Hacemos de ellas el cesto de basura de nuestra ansiedad. Disparamos el gatillo, reaccionamos impulsivamente, y solo minutos, horas o días después, adquirimos conciencia del daño que hicimos.

Somos controlados por nuestras emociones. Algunas personas nunca se olvidan de una pequeña mirada de desprecio de un compañero de trabajo. Otras no regresan más a un doctor si este no les dio la atención esperada.

Si una persona no aprende a gobernar el gatillo de la memoria, vivirá en la peor prisión del mundo: la cárcel de la emoción.[5] Los drogadictos viven en esta cárcel porque, cuando disparan el gatillo, no consiguen controlar la ansiedad y el deseo compulsivo de una nueva dosis. Los que poseen el síndrome del pánico viven el miedo dramático de que se van a morir o desmayar, disparado también por ese gatillo.

De la misma forma, los que tienen claustrofobia, trastorno obsesivo compulsivo (TOC) y otras enfermedades productoras de intensa ansiedad, son víctimas del gatillo de la memoria. Ese fenómeno es fundamental para el funcionamiento normal de la mente humana pero, si llega a producir reacciones enfermizas y pensamientos negativos descontrolados, contribuye a generar una cárcel interior.

---

[5] Cury, Augusto J. *Superando o cárcere da emoção*, Academía de Inteligência, São Paulo, Brasil, 2002.

Como ilustre Maestro de la inteligencia, Jesús sabía controlar el gatillo de la memoria, no dejaba que disparase la agresividad impulsiva, el miedo súbito, la ansiedad compulsiva. Por lo tanto, siempre pensaba antes de reaccionar, nunca devolvía la agresividad de los otros y, como ya dijimos, estimulaba a sus agresores a reconsiderar su agresividad.

El ejemplo del gatillo de la memoria en un tribunal

Cierta vez, escuché una historia interesante que ocurrió en un tribunal. Un hombre estaba siendo juzgado por asesinato. Había cometido un crimen cruel. Mató a otro hombre por un motivo torpe: durante una discusión, la víctima le tiró un vaso de agua en la cara. Humillado, este lo asesinó.

El reo parecía sin defensa; iba a recibir la pena máxima. El fiscal lo acusaba con elocuencia diciendo que alguien con tal grado de violencia solamente podría estar detrás de las rejas. ¿Cómo es posible matar a un ser humano por haber sido agredido solo con un vaso de agua?

Todo parecía perdido. Entonces, el abogado de la defensa tuvo una idea. Decidió reproducir la escena del crimen. Comenzó a crear un clima acalorado con los miembros del tribunal. De repente, cogió un vaso con agua y en medio de la discusión, sin que lo esperasen, les tiró el agua en la cara.

El juez interpretó la actitud del abogado como un gran desacato. Los miembros del tribunal quedaron profundamente airados con su insolencia. Entonces, inmediatamente, él se disculpó y explicó el motivo de su actitud. Dijo que los había agredido de aquella forma, para que los miembros del tribunal se pusieran en la piel del reo. Intentó imitar el clima del asesinato, para producir en ellos una emoción semejante a la que su cliente experimentó en el momento en que la víctima le tiró agua en la cara.

Terminó su defensa diciendo: «Si ustedes quedaron airados cuando les tiré agua, entenderán qué le sucedió a mi cliente. Desgraciadamente, todos nosotros cometemos hechos inconcebibles cuando estamos estresados. Él no es peligroso, jamás planeó aquel asesinato y se arrepintió de su actitud impulsiva. Por favor, juzguen a mi cliente basados en sus propias conciencias y emociones».

El reo fue absuelto. El abogado de la defensa logró llevar al tribunal a comprender el fenómeno del gatillo de la memoria. Es más fácil disculpar la violencia de los otros cuando nos damos cuenta de la nuestra.

Cuanto más se presentan los estímulos estresantes a través de la competición predatoria, del individualismo, de la crisis del diálogo, de la velocidad de las transformaciones sociales, más reaccionamos sin pensar, más regresamos al tiempo de las cavernas. Así, poco a poco nos «psicoadaptamos» a la agresividad. Aceptamos la violencia como algo normal, como parte de la rutina social.

Contrariamente a nosotros, el Maestro de Nazaret no reaccionaba con violencia, incluso cuando estaba herido. A pesar de ser tan bella, nuestra especie es tan complicada que nos robamos a nosotros mismos la tranquilidad y el derecho de ser felices.

Estimuló el arte de pensar del agresor

En el momento en que el soldado lo abofeteó, Jesús le dijo: «Si he hablado mal, testifica en qué está el mal...» (Juan 18.23). Una respuesta muy dócil para tanta violencia, muy inteligente para tanta irracionalidad.

El soldado lo agredió físicamente y Jesús golpeó su insensatez sin agresividad. Llevó a su agresor a pensar en su propio comportamiento. Lo condujo a evaluar su historia y le pidió un testimonio de su maldad, su agresividad y su crimen. El Maestro vivía el arte de la antiviolencia; su humanidad se revelaba en los sentimientos más altruistas. Pensaba mucho más en el bienestar de los otros que en el suyo.

El soldado lo golpeó para ganar crédito delante de Anás (Juan 18.22). Lo aporreó diciendo que no le debía hablar de aquella forma al sumo sacerdote. Aturdido por la violencia del trauma, Jesús, con gentileza, completa la frase: «... y si bien, ¿por qué me golpeas?»

El soldado no era capaz de testificar contra Jesús, cuya conducta era intachable. Él lo hirió gratuitamente, solo para ganarse el mérito junto a sus líderes. Desafortunadamente muchos hombres en la historia reaccionaron sin pensar en las consecuencias de sus reacciones. Prefirieron agradar a sus líderes antes que honrar su propia conciencia. Vendieron algo que no se vende, por un precio muy bajo.

¿Qué haríamos si alguien nos abofeteara en la cara? La reacción del Maestro de Nazaret se sale de los límites instintivos del ser humano. Al contrario del reo que hace poco describí, Jesús, además de amable, estimuló a su agresor a abrir las ventanas de la mente. Su personalidad no fue solo superior a la común. Fue única, exclusiva. Nadie reaccionó como Él en lo sumo del dolor y de la humillación social.

Si Jesús poseía el poder que declaraba poseer, ¿por qué no hizo que aquel soldado se postrase a sus pies? Pero si utilizaba su poder, si reaccionaba con agresividad, sería como cualquiera de nosotros; no sería libre. Los débiles muestran la fuerza de la ira, pero los fuertes muestran la fortaleza del perdón.

Si Jesús destruía a aquellos hombres, sería fuerte por fuera, pero débil por dentro. Sería dominado por el odio y por la rabia; pero a Él nada lo dominaba. Prefirió conscientemente mostrarse débil por fuera, siendo libre por dentro.

Durmió con el enemigo

Todas las experiencias que vivimos en el escenario de nuestras mentes, son registradas involuntariamente en la memoria por el fenómeno RAM. Y si esas experiencias tuvieron alta carga de emoción, el registro será privilegiado, ocupando áreas nobles de nuestra memoria.

Aquí hay una gran lección que aprender. Si una persona nos molestó, nos perjudicó o nos humilló, y si desarrollamos rabia, odio o miedo de ella, esa persona será registrada de forma privilegiada en la parte central de nuestra memoria, que llamo MUC (memoria de uso continuo). Si imaginamos la memoria como una gran ciudad, la MUC sería el área por donde más caminamos y realizamos nuestras actividades profesionales y sociales. Por estar registrado en la MUC, el agresor participará en gran parte de nuestros pensamientos.

Entonces, si pensamos que la rabia, el odio o la reacción fóbica de alejarnos nos apartarán de nuestro agresor, estamos engañados. Él almorzará, cenará y dormirá con nosotros, pues ocupará el área central de nuestra memoria consciente e inconsciente. Consecuentemente, ocupará gran parte de nuestros pensamientos que, a su vez, afectarán la calidad de nuestras emociones. Es por eso que, cuando tenemos un problema, pensamos todo el tiempo en él.

Cuanta más antipatía sentimos por alguien, más ocupará esa persona nuestros sueños y nos provocará insomnio. Acuérdese de eso la próxima vez que alguien lo frustre: si no abre los ojos, usted dormirá con él.

El Maestro de Nazaret no dormía con sus enemigos, pues no los tenía. Los fariseos podían odiarlo y amenazarlo, pero todo ese odio no los hacía calificar de enemigos. ¿Por qué? Porque nadie lograba ultrapasar la capacidad del Maestro de proteger sus propias emociones. Él no permitía que la agresión de los demás afectara su alma.

Conozco la historia de algunos hijos que nunca más confiaron en sus padres después que estos los frustraron. Conozco también personas que nunca más reanudaron su relación con amigos después de una pequeña discusión. Abrieron las compuertas de sus emociones y dejaron que un episodio turbulento destruyese para siempre una bella relación.

El Maestro de maestros no se dejaba invadir por las injurias, calumnias, frustraciones y violencia de los que lo rodeaban. Él vivió de acuerdo con la bella frase de Galileo Galilei: «Debemos escribir los beneficios en bronce y las injurias en el aire».

Ningún comportamiento humano comprometía su paz ni lo desanimaba. Era libre en el área dónde más fácilmente somos prisioneros, era libre en sus emociones. Su calma dejaba a todos atónitos. Asimismo delante de la muerte, se mostraba capaz de gobernar con tranquilidad sus pensamientos. Como Maestro de la mansedumbre, logró producir ideas brillantes en un ambiente donde solo había espacio para una intensa ansiedad.

Al ser amable con sus amigos, cumplía lo que había dicho sobre dar la otra mejilla. Pero dar la otra mejilla no era ni de lejos una señal de sumisión y de fragilidad, sino de fuerza inigualable. Los líderes de Israel tenían insomnio por su causa, aunque durmiesen en camas confortables. El Maestro del amor dormía tranquilo, aunque tuviese el piso como cama y una piedra como almohada. ¡Qué gran lección de vida!

Todos los líderes políticos que utilizaron la agresividad como herramienta para imponer sus ideas mancharon las páginas de la historia. La propia historia los condenó. Fueron olvidados o son recordados con repugnancia.

El nombre de Jesús arrasó por todas las generaciones como fuego en madera seca. ¿Cuáles son los motivos? Muchos. No fue solamente por su demostración de poder, sino mucho más por su disposición a no utilizarlo. ¿Quién reaccionó como Él en todos los tiempos?

Jesús cambió la historia de la humanidad por la cortesía de sus gestos en un ambiente grosero e inhumano, por los niveles inimaginables que atravesó su amabilidad en un ambiente donde las personas no sabían amar.

La primera sesión de tortura

Después de haber sido gentil con el soldado que le pegó en el rostro, Jesús comenzó a sufrir la primera y angustiante sesión de tortura. Los soldados se amontonaron a su alrededor, escarneciéndolo y golpeándolo despiadadamente.

Aunque no mencione la casa de Anás, Lucas registra que la primera sección de tortura de Jesús ocurrió antes de que el Sanedrín se reuniese y lo condenase, por lo tanto fue en la casa de Anás (Lucas 22.66). Los soldados y líderes judíos le vendaron los ojos y le dijeron: «Profetiza, ¿quién es el que te golpeó?» Los traumas en la cara y en el cuerpo se dilataban y rompían sus vasos sanguíneos periféricos, causando edemas y hematomas. El rostro de Jesús comenzaba a desfigurarse.

Se forjó un clima de terror. Los seres humanos siempre reaccionan como animales cuando están colectivamente airados. Toda la agresividad de aquellas personas fue proyectada sobre el más amable de los hombres. Aunque hubiera declarado que disponía de un gran ejército de ángeles, Él no reaccionó. Soportó silenciosamente su dolor.

Una mirada arrebatadora

En el primer libro de la colección, el *Maestro de maestros*, comenté brevemente la negación de Pedro. Ella ocurrió justo en la casa de Anás. En razón a la importancia de ese tema, me gustaría retomarlo con el fin de abordar algunos puntos que no había analizado.

Cuando Jesús entró en la casa de Anás, Pedro, con la ayuda de un discípulo conocido del sumo sacerdote, logró introducirse disfrazado. ¿Cuál fue el discípulo que lo ayudó a entrar en aquel ambiente? No se sabe, probablemente Nicodemo o José de Arimatea, por pertenecer a la cúpula judía, o tal vez algún recolector de impuestos, como Zaqueo o Mateo, pues aunque fueran odiados por los fariseos, tenían poder social porque servían al Imperio Romano.

Pedro fue osado por entrar en aquel ambiente perturbador. Los otros discípulos estaban lejos de allí. Él nunca más se olvidaría de la escena. Su amado Maestro estaba siendo herido física y psicológicamente. Pedro sintió un gran desespero. Aquello parecía un espejismo.

No podía creer ni en la violencia de los hombres, ni en la pasividad de su Maestro delante de los agresores. Tal vez pensó: «Jesús es tan fuerte e imbatible... ¿Cómo puede guardar silencio delante de tanta violencia? ¿Dónde está su fuerza? ¿Qué pasó con su coraje?» La mente de Pedro debió parecer una violenta tempestad. Nunca vio a alguien tan fuerte vestir de tal manera el manto de la fragilidad.

Pedro conocía el coraje de Jesús para enfrentar el mundo y hacer que todos se callasen ante su sabiduría y su poder, pero no conocía un tipo de coraje tan raro: el valor de enfrentar en silencio el dolor, el desprecio y la vergüenza pública.

Frente a los dramáticos sufrimientos de su Maestro y del torbellino de dudas que socavaban su mente, el gatillo de la memoria de Pedro detonó un intenso miedo. Cuando Jesús hacía milagros y profería bellísimos discursos, Pedro se sentía orgulloso de ser uno de sus discípulos. Pero ahora, sentía miedo de estar asociado con alguien violentamente agredido y humillado.

El miedo paralizó su inteligencia. Entonces, cuando algunos siervos le preguntaron si era un seguidor del Nazareno, Pedro lo negó, sin lograr razonar. Cuestionado otra vez, volvió a negar con más vehemencia. Cuando le preguntaron por tercera vez, negó enfáticamente: «No conozco a este hombre» (Marcos 14.71). Por unos momentos, Jesús dejó de ser su Maestro para tornarse en un desconocido, alguien que él nunca vio, un hombre del cual se avergonzaba. Si estuviéramos en el lugar de Pedro, ¿Cuántas veces negaríamos a Jesús?

El Evangelio de Juan es el único que nos permite interpretar que, tanto la primera como la segunda negación de Pedro, ocurrieron en la casa de Anás y la tercera, en la de Caifás (Juan 18.24-25). Si ocurrieron en dos lugares diferentes, eso indica que la capacidad de pensar de Pedro estaba totalmente dominada por el miedo. No era capaz de dominar sus emociones, como su Maestro, ni de recuperarse inmediatamente después de haber sido atacado por la angustia.

El miedo nos domina: el miedo de morir, de sufrir una enfermedad grave, de sufrir pérdidas financieras, de perder a las personas que amamos, de quedar solos, de ser rechazados, de fracasar. Jesús no esperaba mucho de las personas. Sabía que en la humanidad no hay gigantes en el territorio de la emoción. Sabía que vacilamos, conocía nuestros límites.

Cuando Pedro lo negó por tercera vez, Jesús se volvió hacia él con una mirada cautivante, arrebató a su discípulo del miedo y lo hizo volver a sí. Entonces, Pedro se acordó que prometió morir con su Maestro, y que este previó que él fallaría. Si hubieran estado presentes los más ardientes seguidores de Jesús, también lo hubieran negado de manera tanto o más vehemente que Pedro.

Pedro salió de allá abatido, desesperado. Nunca se sintió tan frágil. Nunca había traicionado su propia palabra de manera tan vergonzosa. Como el más excelente terapeuta, Jesús previó el fracaso de su discípulo, no para condenarlo, sino para que conociera sus propias limitaciones. Y Pedro lloró como nunca antes había llorado.

Por haber convivido con alguien que veía los errores y los fracasos desde otra perspectiva, Pedro salió más fuerte de su derrota. Fuerte en la capacidad de perdonar, de comprender la fragilidad humana, de dar oportunidad a los que se equivocan. Solamente los que comprenden y aceptan sus propias limitaciones, son capaces de entender las limitaciones de los demás. Las personas más rígidas y críticas son las que menos conocen las áreas más íntimas de su propio ser.

El Maestro de la vida era libre, aunque estuviera atado. Aun frustrado, todavía acogía. ¿Qué seguidor vive hoy el ejemplo que Él dejó?

Jesús fue tan brillante que, en lo sumo del dolor, lograba enseñar a los que lo amaban. Cuando era silenciado, enseñaba con los ojos. Con una mirada penetrante le dijo a Pedro que no desistiría de él, que todavía lo amaba. Con la boca sangrando expresó sin palabras que era justamente por los errores de su discípulo y por los errores de toda la humanidad que estaba muriendo.

¿Quién es ese hombre que, con las manos heridas, alcanza aun a escribir una carta de amor en el corazón del ser humano?

5 | Condenado en la casa de Caifás por el Sanedrín

Después de haber sido torturado en la casa de Anás, Jesús, maniatado, fue conducido por los soldados a la casa de Caifás, el sumo sacerdote. Allá se reunió el Sanedrín. Estaban delante de Él los sacerdotes, los fariseos, los herodianos, los saduceos, los maestros de la ley, o sea, todos los líderes judíos. Los hombres más cultos y religiosos de Israel estaban reunidos para decidir que fin darían al Maestro de Nazaret que perturbaba la nación.

No debemos olvidar que todavía era muy temprano. La multitud que tanto lo amaba estaba durmiendo o esperando el amanecer para verlo. Nadie se imaginaba que Jesús estaba siendo torturado y juzgado.

Los líderes judíos intentaron producir falsos testimonios para condenarlo, pero los argumentos no eran coherentes (Lucas 23.2). No había contradicción en la vida del Maestro de maestros. Podían rechazar drásticamente lo que hablaba, pero nadie era capaz de señalar conductas que rompieran con la ética y el buen criterio.

La rigidez de los líderes de Israel impidió que el juicio fuera justo. No se rindieron a Jesús porque no lo investigaron. La prisa y la desesperación por condenarlo los llevó a reaccionar irracionalmente.

Un silencio glacial

Jesús oyó todos los falsos testimonios. Con paciencia, no sentía necesidad de manifestarse. Los hombres del Sanedrín se mostraban apresurados, estresados, ansiosos, pero Él mantenía un silencio glacial.

Caifás, el más importante líder religioso, estaba intrigado e indignado con el silencio de Jesús. A pesar de que lo interrogaba, no obtenía ninguna respuesta.

Todos los hombres mostraban un respeto incondicional por la autoridad del sumo sacerdote, pero el carpintero de Nazaret, a pesar de respetarlo como ser humano, no atendía a su apelación para que respondiera al interrogatorio. Nada ni nadie lo obligaban a hablar.

El recurso del silencio es el estandarte de los fuertes. Solamente alguien determinado y seguro de que nada debe, es capaz de utilizar el silencio como respuesta.

¿Por qué Jesús no hablaba? Porque estaba por encima de todo aquel tribunal. Los líderes religiosos defendían al Dios del Pentateuco (los cinco libros de Moisés), de los profetas y de los salmos. A pesar de ser expertos en lo concerniente a Dios, no reconocían que, delante de ellos, escondido en la piel de un carpintero, estaba el Dios que defendían y decían adorar. ¡Qué contraste tan impresionante! Eran especialistas en enseñar quién era Dios, pero no conocían a ese Dios. No lograban ver al Hijo de Dios en aquel galileo.

Los fariseos hacían largas oraciones, parecían exteriormente espiritualizados, pero el Maestro denunció diversas veces que usaban la religión con el objetivo de promoverse socialmente, para ocupar los primeros puestos en las fiestas y en los templos judíos.

Imaginen la escena. Jesús decía ser el Hijo del Dios altísimo. Pero al nacer, prefirió el bienestar de un pesebre a la cuna de aquellos que se consideraban especialistas en Dios. Cuando creció, prefirió trabajar con madera bruta y con martillos a frecuentar la escuela de los fariseos. Cuando abrió la boca, aquellos que más reprendió no fueron los pecadores, los inmorales, los impuros, sino los que decían adorar a su Padre. ¡No hay manera de no sorprenderse con esas paradojas!

Cierta vez el Maestro les dijo a los fariseos que leían las escrituras, pero que no querían venir a Él para tener vida (Juan 5.40). En otro momento afirmó que: «Lo que sale de la boca, del corazón sale; y esto contamina al hombre. Porque del corazón salen los malos pensamientos, los homicidios, los adulterios, las fornicaciones...» (Mateo 15.18). Señaló que todas las veces que los líderes de Israel recitaban un salmo o leían un texto de los profetas, ellos lo honraban con la boca, pero no lo conocían ni lo amaban. ¿Quién es ese hombre que sacudió los cimientos de los religiosos de su época?

El fenómeno de la «psicoadaptación» produce insensibilidad

Me gustaría hacer aquí una pequeña pausa para analizar algunos fenómenos inconscientes presentes en todos nosotros, y que condujeron a los fariseos y a todo el liderazgo judío de la época a despreciar completamente al Maestro de maestros. En el primer capítulo, comenté los motivos conscientes, principalmente las causas sociales que llevaron a esa actitud; ahora veremos los factores inconscientes producidos principalmente por el fenómeno de la psicoadaptación. Los mecanismos aquí descritos nos ayudarán a comprender importantes procesos de nuestra inteligencia.

A lo largo de veinte años he estudiado el fenómeno de la psicoadaptación. Este actúa en el territorio de la emoción y destruye imperceptiblemente la sencillez, la creatividad, la capacidad de aprendizaje, la admiración por lo bello.

Por un lado, la psicoadaptación es importantísima para el funcionamiento normal de la mente. Por otro, si no se controla bien, podrá encerrar al ser humano en una cárcel, principalmente los científicos, ejecutivos, escritores, religiosos, profesores, profesionales liberales, o sea, todos los que ejercen un trabajo intelectual intenso. Los procesos involucrados en la actuación de ese fenómeno no se estudiarán aquí.[6]

Psicoadaptación, como el propio nombre lo indica, es la adaptación de la emoción a los estímulos dolorosos o placenteros. La frecuente exposición a los mismos estímulos hace que con el paso del tiempo, perdamos la sensibilidad a ellos. Podemos perder la sensibilidad al dolor, a las necesidades y fragilidades de los demás. Podemos, aun, perder lentamente la capacidad de sentir placer en la vida, el encanto por las personas más íntimas, el amor por el trabajo, la disposición a crear, la habilidad de aprender.

Jesús fue el Maestro de las emociones. Sabía evitar el fenómeno de la psicoadaptación con gran destreza. Nunca dejaba de deleitarse con los pequeños estímulos, ni de sentir el placer de vivir, aunque el mundo cayera sobre su cabeza. Le gustaba relacionarse con las personas. Aunque se involucraba en intensas actividades, todavía encontraba tiempo para hacer cosas sencillas, como cenar en la casa de los amigos o narrar una parábola. El exceso de compromisos no lo cambió por

[6] Cury, Augusto J., *Inteligência Multifocal*, Cultrix, São Paulo, Brasil, 1998.

dentro; lamentablemente, no actuamos así. Mientras más compromisos tenemos, más dejamos de hacer las cosas sencillas y aquello que nos gusta.

Mientras más estamos expuestos a los estímulos, más dejamos de tener placer en ellos. Un mes después de haber comprado el coche tan deseado, ya no tenemos el intenso placer que sentimos las primeras veces que lo manejamos. Con el paso del tiempo, el estímulo visual va actuando en el proceso de formación de los pensamientos y perdiendo, sutilmente, la capacidad de excitar la emoción.

El mundo de la moda sobrevive porque las mujeres también son víctimas del fenómeno de la psicoadaptación. La necesidad de comprar ropa nueva ocurre porque después de utilizar el mismo vestido varias veces, la emoción se psicoadapta y poco a poco deja de provocar el placer experimentado en las primeras veces. La publicidad es peligrosa en ese sentido. Sin que se dé cuenta, actúa en el fenómeno de la psicoadaptación generando una insatisfacción más rápida e intensa, y eso estimula el consumismo.

Todos tenemos millares de experiencias en ese sentido. A lo largo de la vida nos psicoadaptamos a las personas, cosas, situaciones u objetos. En muchos casos, el efecto de esos fenómenos es positivo. Veamos dos ejemplos:

Después de conquistar una meta, un diploma, un conocimiento, comenzamos a perder paulatinamente el placer de la conquista. Mientras esa pérdida va ocurriendo, surge una ansiedad normal que es estimulada y que llamo «ansiedad vital». Esa ansiedad nos lleva inconscientemente a transponer la conquista y nos impulsa hacia nuevas metas, estimulando así la creatividad. Muchas personas dejan de brillar porque perdieron el encanto de crear. Oyen conversaciones sobre la motivación, pero nada las estimula. Se aferran a sus conquistas como si fueran sus tronos. Envejecen en el territorio de las ideas.

Por otro lado, cuando sufrimos pérdidas, frustraciones, injusticias, el pensamiento queda hiperacelerado y la emoción, angustiada. Pero al ocurrir el fenómeno de la psicoadaptación, la carga de sufrimiento va disminuyendo poco a poco, aliviando el dolor emocional. Quien no desacelera el pensamiento, no se psicoadapta a las pérdidas y perpetúa su angustia. Por lo tanto, en ese sentido, el fenómeno de la psicoadaptación es benéfico.

Necesitamos, no obstante, estar atentos a la actuación sutil y maléfica de ese fenómeno inconsciente. Tiene el poder de convertirnos en insensibles al dolor de los demás, de cultivar la autosuficiencia transformándonos en personas arrogantes, prepotentes. También es capaz de generar la práctica del «pobrecito» y nos transforma en personas con baja autoestima y con inmensa dificultad para luchar por la vida y por nuestros ideales. Puede aun cristalizar preconceptos y llevarnos a discriminar a personas que son tan dignas de respeto como nosotros. En estos casos, la psicoadaptación es muy perjudicial.

Aunque no mencionó el fenómeno de la psicoadaptación en sus conversaciones, el Maestro de Galilea demostraba que lo conocía muy bien. Estaba siempre preparando las emociones de sus discípulos para que no fueran insensibles al dolor de los demás, para que se vacunasen contra el orgullo, se pusieran como aprendices de la vida, no desistieran de sí mismos por más defectos que tuvieran, y nunca discriminasen a nadie a su alrededor.

La psicoadaptación de los fariseos

Antes de estudiar la mente de los fariseos, quiero citar el ejemplo del holocausto judío. Uno de los motivos inconscientes más importantes que llevaron a una parte del pueblo de Alemania, cuna de la cultura y de las ideas humanistas, a cometer atrocidades contra los judíos y otras minorías en la Segunda Guerra Mundial, fue el fenómeno de la psicoadaptación.

La propaganda nazi, los factores sociales y los focos de estrés psíquicos, actuaron discretamente en el universo inconsciente de los soldados nazis, desarrollando una repulsión por la raza judía y un aprecio irracional por la raza aria. En los primeros años del nazismo, la mayoría de los soldados jamás pensó que sería protagonista de uno de los mayores crímenes de la historia. Mientras los judíos eran perseguidos y confinados en los campos de concentración, sutilmente fue ocurriendo algo entre los bastidores de la mente de los soldados alemanes. Se psicoadaptaron al dolor de los judíos. Con el avance de la guerra, no se conmovían más con sus miserias.

Ni siquiera el dolor de los niños judíos —expresado por el temor, por los cuerpos escuálidos, ojos hundidos y angustia por la falta de los padres— conmovía a los nazis. Cuántas lágrimas, cuántos lamentos y reacciones de miedo debieron haber presenciado. Un millón de niños inocentes perdieron el derecho de existir, vivir y jugar. No fueron los judíos quienes perdieron a sus niños, sino nuestra especie. Usted y yo los perdimos. Nunca tantos niños fueron muertos en la historia en un solo período.

El mismo fenómeno de la psicoadaptación que casi llevó a destruir al pueblo judío, también contribuyó a que los líderes judíos asesinasen a Jesús. Se volvieron autosuficientes. Nadie tenía el derecho de oponerse a lo que ellos pensaban. Nadie podía penetrar en el mundo de ellos y decir que estaban equivocados. Jamás podían ser enseñados por un Nazareno que no disfrutaba de privilegios sociales. El Maestro de la vida no podía ser un carpintero. Aquellos hombres servían a Dios, sin Dios. Las llamas del amor del Creador no calentaban sus frías emociones.

Los hombres que cometieron más atrocidades en la historia siempre fueron aquellos que tenían menos capacidad de cuestionarse y de aprender. Ellos cerraron las ventanas de la inteligencia, dejando así de acoger otras posibilidades. Quien vive con verdades absolutas, utiliza el poder para dominar a los demás. Aquellos que no lograban dominar eran exterminados.

¿Será que no hemos sido los fariseos de la era moderna?

Yo me pregunto: Si fuéramos miembros del Sanedrín de aquella época, ¿no hubiéramos también rechazado a aquel carpintero sencillo, de manos ásperas y piel quemada por el sol? ¿Cuántos hombres que se consideran maestros de los textos bíblicos en la actualidad no hubieran formado parte del grupo de líderes judíos, condenando a aquel que se rehusaba a hacer milagros para confirmar su identidad?

Yo me cuestiono para saber si no soy un fariseo de los tiempos modernos. ¡Cuántas veces herimos el derecho de los demás al ponernos en un pedestal intangible! ¡Cuántas veces somos radicales y rígidos en nuestra manera de pensar! Rechazamos a las personas que no piensan como nosotros, aunque sea por unos momentos. Tenemos la necesidad enfermiza de que el mundo se adapte a nuestras ideas. Reaccionamos sin pensar cuando nuestros comportamientos no son aprobados.

Ningún rey puede trabajar en equipo si no baja de su trono y no se pone al mismo nivel de sus súbditos. Del mismo modo, quien se sienta en el trono de su empresa, de su escuela, de su institución, de su familia, nunca tendrá nada que aprender de las personas a su alrededor. Quien solo sabe dar órdenes y mirar a las personas de arriba hacia abajo, nunca logrará ejercer un trabajo humanitario. El que no gobierna su propio mundo jamás será un buen líder.

El Maestro de Nazaret, a pesar de ser tan sublime en su capacidad de pensar, no se posicionó por encima de las personas. Era un maestro del arte de oír, comprender los sentimientos, estimular la inteligencia y valorar a aquellos que lo rodeaban. Sabía trabajar en equipo como nadie, era capaz de bajar al nivel de las personas. Si era Dios, fue en realidad uno brillante, digno de ser amado, pues tuvo el coraje de salir de su trono.

Jesús fue un maestro tan encantador que no se aferró a su posición. Tuvo el coraje y el desprendimiento de decirles a sus discípulos que ellos harían cosas mayores de las que Él mismo hizo. ¿Quién se conduce de este modo? Hasta en los departamentos de las universidades, tanta solidaridad es utopía, pues allí no pocos intelectuales viven rodeados de celos y vanidad. El Maestro de maestros fue excepcional. Solamente alguien con su grandeza es capaz de estimular a los demás a sobrepasarlo.

Grande, pero pequeño

Algunos pueden decir que Jesucristo era totalitario, pues declaraba poseer un poder extremo, pero para nuestra sorpresa, se rehusaba a usar su poder a favor propio. Nunca ningún ser humano defendió las verdades que Él profesaba. Pero, al contrario de nosotros, no obligaba a nadie a seguirlas. Su grandeza brillaba en su capacidad de hacerse pequeño.

En aquel medio apareció un hombre invitando a las personas a beber de un agua nunca antes bebida, que saciaba la sed de la emoción, que llenaba el vacío de la existencia y cortaba las raíces de la soledad. Pero solo bebía de ella quien tuviera valor para reconocer que faltaba algo dentro de sí.

Quien no tuviera esa sed podía seguir su propio camino y olvidar al Maestro de la vida. Quien se consideraba satisfecho podía quedarse girando en torno a su propio mundo. Quien no necesitaba de médico y juzgaba que no tenía heridas en su alma podía excluirlo de su vida.

Rompió el silencio

Regresemos a la casa de Caifás. Los hombres del Sanedrín bombardeaban a Jesús con preguntas, pero Él nada contestaba. Su comportamiento los dejaba extremadamente incómodos, no parecía un reo. Estaba a las puertas de la muerte y bajo el riesgo de otra sesión de tortura, pero no se perturbaba. Fue puesto como el actor principal de una falsa actuación jurídica.

Sabía con anticipación lo que iba a suceder. Horas antes, en el jardín de Getsemaní, gimió de dolor y se preparó para soportar con dignidad los más indignos sufrimientos y humillaciones. Su comportamiento sereno ante el Sanedrín, reflejaba su excelente capacidad para gobernar las emociones casi ingobernables. Cristo ya se había preparado para morir.

Muchas personas dicen no temer a la muerte. Pero afirman eso cuando están gozando de plena salud. Ante el apagar de las luces de la vida, nuestra seguridad se desmenuza. Solamente no siente ningún tipo de inseguridad ante la muerte quien nunca reflexionó sobre ella. Tal inseguridad, lejos de ser negativa, es un homenaje a la vida. La vida no acepta la muerte.

Nuestras emociones claman por la continuidad de la existencia, nuestros pensamientos claman por la perpetuación del espectáculo de la vida. Los mismos que piensan en el suicidio tienen hambre y sed de vida, pero no soportan la angustia y el desespero que los abaten. Si hubiesen aprendido a dominar su dolor y a caminar en el territorio de la emoción, su vida ganaría un nuevo sentido.

El Sanedrín quería encerrar el juicio. Caifás insistía para que Jesús respondiera a las acusaciones que le hacían, pero se mantenía en silencio. No obstante, Caifás le hizo un pedido que no podía dejar de atender. Rogó que Jesús declarase delante del Dios vivo si realmente era el Cristo, el Hijo de Dios.

En el momento que Caifás hizo esa petición, Jesús mismo sabiendo que su respuesta detonaría el gatillo de la agresividad de sus enemigos, rompió el silencio. Con sus ojos recorrió el Sanedrín y los fijó en el sumo sacerdote. En seguida confirmó sin ninguna inseguridad: «Tú lo has dicho» (Mateo 26.64).

Tal vez esperaban una respuesta negativa, un pedido de disculpa y de clemencia. Pero la respuesta fue positiva. Fue tan afirmativa que Jesús utilizó las propias palabras de Caifás para confirmar que, en realidad, era el Hijo del Altísimo. Declaró que el Dios a quien los hombres del Sanedrín servían era su propio Padre. Y para que no hubiera duda acerca de su identidad, fue aun más lejos. Completó la respuesta con una afirmación que dejó a sus enemigos atónitos, crujiendo los dientes, espumando de odio. Veamos.

Reveló ser la persona más poderosa del universo

Inmediatamente después de declarar que era el Hijo de Dios, Jesús reveló su condición. Afirmó con toda autoridad y sin medias palabras que tenía la más alta posición del universo: «Y además os digo, que desde ahora veréis al Hijo del Hombre sentado a la diestra del poder de Dios, y viniendo en las nubes del cielo» (Mateo 26.64).

El poeta Carlos Drumond de Andrade dijo: «Cuánto más se tiene conciencia del valor de las palabras, más uno se queda consciente del empleo de ellas». Si existió una persona consciente del empleo de las palabras, fue Jesús. Era económico y directo en su discurso. Sus pensamientos escondían verdaderos tratados. Sabía exactamente lo que decía y las implicaciones de cada una de sus palabras.

Antes de analizar las reacciones de los hombres del Sanedrín, investiguemos las dimensiones e implicaciones del pensamiento de Jesús, considerado por los fariseos como la mayor herejía. Él, en vez de calmar los ánimos de los que lo odiaban, encendió su ira.

Declaró no solo que era el Hijo de Dios, sino que todos los hombres del Sanedrín lo verían viniendo sobre las nubes del cielo. ¿Qué quería Jesús decir con eso? Quería decir que aunque lo matasen, vencería a la muerte, estaría vivo y activo, y ellos lo verían regresando sobre las nubes del cielo. En aquel momento, Jesús estaba sentado en el banco de los reos, en la condición de un humilde carpintero, un nazareno despreciado y humillado; pero un día volvería con todo el poder para juzgar a la humanidad, incluso a los hombres que lo juzgaban.

Su intrigante afirmación no termina ahí. Tuvo la osadía de decir algo que jamás nadie tuvo el coraje de afirmar. Dijo que se sentaría en la posición más alta del universo, una posición impensable, inimaginable, exclusiva: a la derecha del Todopoderoso.

Afirmar que su Padre es el Todopoderoso significa que Él puede estar en todo momento y en todos los lugares; que está consciente de todos los acontecimientos y sabe todo anticipadamente; que hace todo lo que quiere, cuando quiere y de la forma que quiere. Su grandeza posee características incomprensibles para la mente humana. El tiempo, la muerte, las limitaciones, no existen para Él. No se somete a las leyes de la física, pues todas ellas son obras de su sabiduría. Nada es imposible para Él.

Ante tal poder, podemos preguntar: Si Dios es Todopoderoso, ¿por qué no elaboró un plan menos angustiante para que su Hijo pudiera rescatar a la humanidad? Si es ilimitado, ¿por qué no intervino en las injusticias que han atravesado todas las generaciones? ¿Por qué hay guerras, hambre, miseria, muerte de niños? Tales preguntas tratan de un tema de fundamental importancia que perturba a todos los pensadores. Confieso que durante años estuve confundido, intentando encontrar algunas respuestas. Ese tema será tratado al final de este libro, cuando comente sobre el plan más ambicioso de la historia.

El carpintero de Nazaret indicó que no solo vencería a la muerte, sino que estaría sentado a la derecha de Dios. El más rechazado de los hombres les dijo a los miembros del Sanedrín que no estaría ni un milímetro debajo del Todopoderoso, sino a su derecha. Jesús saca a relucir aquí su divinidad y revela su condición de «Dios Hijo». Dijo que tiene la misma posición del Todopoderoso, por lo tanto es inalterable, no creado, eterno. Por eso, afirmó reiteradas veces que Él y su Padre son uno, poseen la misma naturaleza.

El Maestro de la vida está envuelto en una tela de misterios. Investigarlo es una gran aventura. Su historia va de acuerdo con la célebre frase de Shakespeare: «Hay más misterios entre el cielo y la tierra que lo que sueña nuestra vana filosofía».

Sorprendió a los hombres del Sanedrín

Los hombres del Sanedrín entendieron el mensaje de Jesús y se quedaron perplejos con sus palabras. Jamás podrían creer que estaban juzgando y torturando al ser más importante del universo.

Al oír su respuesta, los judíos se escandalizaron tanto que rasgaron sus propias vestiduras. Tal actitud, típica de la cultura judía, era tomada toda vez que algo muy grave, chocante e inadmisible ocurría. No podrían estar más perplejos. Estaban ante un gran dilema: o consideraban la afirmación de Jesús como la mayor verdad del universo, o la mayor herejía proclamada por un hombre. Prefirieron la segunda opción.

Si Jesús en aquel momento hubiera hecho cualquier milagro, pudo haber cambiado la manera de pensar de la cúpula judía. Pero el Maestro de maestros respetaba sus principios. Jamás haría un milagro para promoverse a sí mismo.

Su rostro ya estaba herido, los traumas le dolían en su cuerpo, pero, despreciando el sufrimiento, reveló su identidad y escandalizó a sus opositores. ¿Qué coraje es ese que lucha hasta las últimas consecuencias? Si se hubiera callado, hubiera evitado otra sesión de tortura.

Muchas veces simulamos y escondemos nuestras intenciones. No creo que exista alguien que no las haya omitido o disfrazado varias veces en la vida. Tales reacciones proceden del miedo a sufrir las consecuencias por nuestra honradez. El Maestro prefirió ser maltratado en su cuerpo, a traicionar su conciencia.

¿Cómo puede alguien que estaba aparentemente derrotado mostrarse imbatible y ponerse como el Señor del universo?

Reo de muerte

Caifás, en la posición de líder máximo de los judíos, fue el primero en rasgar sus vestiduras, diciendo: «¡Ha blasfemado!» (Mateo 26.65). Dominado por la rabia, pidió la opinión de los miembros del Sanedrín que deseaban ardientemente eliminar a Jesús. Ellos respondieron: «¡Es reo de muerte!»

Algunos escritores judíos de la actualidad dicen que Jesús era querido entre los líderes judíos. No es verdad. Nutrían por Él un rechazo visceral, pues si creyesen en Él, tendrían que haber cambiado completamente la manera de ver la vida y de reaccionar al mundo. Tendrían que admitir que el Dios de Moisés y de los profetas, proclamado en los salmos, estaba delante de ellos en la persona de su Hijo. Tendrían que abandonar su arrogancia e inclinarse a los pies de Él.

La segunda y dramática sección de tortura

En el momento en que los hombres del Sanedrín gritaron que Jesús era reo de muerte, detonaron el gatillo de la agresividad y una furia incontrolable se apoderó de los soldados bajo su comando. Así que se amontonaron en torno al Maestro y comenzaron a abofetearlo, escupir su rostro, golpearlo, patearlo.

En minutos se multiplicaron las heridas. Su rostro traumatizado se desfiguraba aun más. El poeta de la vida queda casi irreconocible.

Fue una noche de terror. Y como si no bastara la violencia física, lo torturaron psicológicamente. Le cubrieron la cara y lo golpearon, preguntando: «Profetízanos, Cristo, quién es el que te golpeó» (Mateo 26.68).

Lo hacían el centro de un espectáculo de escarnio. Se oían inmensas carcajadas en el patio de la casa de Caifás. Todos escarnecían al «falso» Hijo de Dios. ¿Quién soportaría tanta humillación?

He ahí la gran paradoja expresada en la historia de Jesús: «En el nombre de Dios los hombres hirieron a Dios, porque no descubrieron que estaba escondido en la piel de un hombre».

Si tuviéramos el poder que el Maestro de la vida confesaba tener, ¿qué hubiéramos hecho con nuestros verdugos? Ciertamente los hubiéramos agredido con igual violencia. Si el destino de la humanidad dependiera de nuestra paciencia, la raza humana sería extinta. Fue una gran prueba para Jesús. Él no hizo nada. Simplemente soportó lo insoportable.

Considerado como escoria humana

Un día, un viejo amigo chino me contó una historia emocionante que ocurrió hace muchos siglos en la China. Un general chino que quería destruir al imperio fue capturado por el ejército del emperador. Este planeó utilizarlo como ejemplo para que nadie más se rebelase. Decidió ponerlo delante del pueblo para humillarlo en público.

El emperador cuidó de que el general no se suicidara antes de darle la lección a su pueblo. Al saber de la intención del emperador, el general consideró la humillación peor que la muerte. Entonces, antes que se iniciase su tortura, comenzó silenciosamente a morder y triturar su propia lengua. Así, antes de ser humillado públicamente, murió de hemorragia.

La gran mayoría de nosotros carga en los lugares recónditos del alma, los comportamientos de las personas que nos hirieron, humillaron, despreciaron. El dolor de la humillación, sobre todo en público, es casi inolvidable. Toca profundamente nuestra alma, generando un sentimiento de revuelta.

Jesús, más que cualquier hombre, fue humillado públicamente de la forma más despreciable. Pasó por cuatro sesiones de tortura física y psicológica. Fue tratado como escoria humana, alguien de quien las personas se avergonzaban. Pero no desistió de la vida, ni se rebeló, simplemente soportó.

Poco tiempo antes de ser arrestado entró a Jerusalén aclamado por las multitudes. Estaba en el apogeo de la fama. Pero, al entrar a la ciudad, lloró (Lucas 19.41). Su reacción fue anormal para alguien con altísimo índice de popularidad. Lloró por los habitantes de Jerusalén. Lloró por el dolor de las personas, por la distancia que sus líderes mantenían de Dios. Deseaba que ellos se aproximasen a su Padre y conociesen el más bello de los caminos, el camino de la paz.

Las lágrimas que bajaban por el rostro del Maestro de la vida eran un testimonio vivo de que, a pesar de contrariar las prácticas de los fariseos, los amaba. Semanas más tarde, Jesús fue arrestado. Libre, lloró; arrestado, otro líquido escurrió por su cara. No se trataba de lágrimas, sino de saliva. ¡Qué contraste! Escupir a alguien es la mayor demostración de rechazo que puede haber.

Cuando lloraba, Jesús tenía muchos motivos. Los hombres que hablaban de Dios no conocían la compasión, la misericordia, el perdón. Si Cristo era Dios, ¿cómo podían sus propias criaturas escupir en su cara, sin que reaccionase? No hay explicación para su actitud. El amor es inexplicable.

El auge de la mansedumbre en el auge del dolor

Al analizar la personalidad de Cristo, cualquier investigador de psicología quedará impresionado. Actuaba como un hombre, pero es humanamente imposible mantenerse tranquilo en un momento en el que solo hay espacio para la ansiedad. Quedar sereno cuando lo normal sería el pánico.

Jesús no se dejaba dominar por el miedo. Su comportamiento sereno y tranquilo perturbaba a los que lo odiaban y los llevaba a la locura. Los hombres de Pilato aumentaban el grado de tortura por no verlo reaccionar.

Jesús cierta vez les dijo a sus discípulos que no temieran a aquellos que matan el cuerpo, pero sí a aquel que puede destruir el alma. Completó diciendo que reverenciaran al Creador, pues en sus manos estaba el destino del cuerpo y del alma (Mateo 10.28). En efecto, nada que los hombres pudieran hacer contra Él lo alteraba.

Solamente eso puede explicar por qué, en el auge del dolor, el Maestro de la vida expresaba seguridad y suavidad. Hace dos mil años anduvo en la tierra un hombre que alcanzó el máximo de la salud emocional.

Cierta vez, el Maestro de la vida hizo una invitación que la psiquiatría y la psicología moderna no osan hacer. Dijo: «Venid a mí todos los que estáis trabajados y cargados, y yo os haré descansar. Llevad mi yugo sobre vosotros, y aprended de mí, que soy manso y humilde de corazón; y hallaréis descanso para vuestras almas» (Mateo 11.28-29).

La invitación de Jesús nos impresiona. Si un psiquiatra hiciere esa invitación a sus pacientes, es muy posible que esté sufriendo un ataque psicótico. Los psiquiatras también son víctimas de la ansiedad. También hiperaceleran sus pensamientos, roban energía al cerebro y quedan fatigados, estresados, cansados.

He estado investigando un nuevo síndrome psíquico, el SPA (Síndrome del Pensamiento Acelerado). El exceso de bombardeo de informaciones del mundo moderno, y la hiperexcitación de la emoción causada por la industria del entretenimiento, han generado el SPA. El punto central de ese síndrome es la dificultad del «yo» para gobernar el proceso de formación de pensamientos, lo que se vuelve en una producción exagerada y acelerada.

Los síntomas del SPA son: hiperproducción de pensamientos, pensamientos anticipatorios, cavilar sobre el pasado, ansiedad, dificultad para sentir placer en la rutina diaria, insatisfacción existencial, fluctuación emocional, sueño insuficiente, déficit de concentración y diversos síntomas psicosomáticos como cansancio físico exagerado, dolor de cabeza, alteración del apetito. El SPA es el síndrome del hombre moderno.

Los que ejercen un trabajo intelectual intenso están más expuestos a él. No siempre ese síndrome es maligno, pues sus síntomas no llegan a incapacitar. Pero puede predisponer a la ansiedad patológica, la depresión, el síndrome del pánico, los trastornos obsesivos y las enfermedades psicosomáticas.

Jueces, abogados, médicos, psicólogos, ejecutivos, periodistas y profesores manifiestan el SPA frecuentemente y en diversos niveles de intensidad. No logran desacelerar el pensamiento y ahorrar energía física y psíquica. Consumen más de lo que reponen, y por eso se despiertan fatigados.

Profesores de escuelas primarias y secundarias de todo el mundo enfrentan enorme dificultad para enseñar, mantener el silencio en el salón de clase y conquistar el respeto de los alumnos, porque muchos de ellos son portadores de ese síndrome. Hace un siglo los alumnos pensaban a un ritmo mucho más lento que los de la actualidad. Estos, por su insatisfacción, ansiedad e inmensa dificultad para ponerse en el lugar de los demás, encaran la escuela como una prisión. La vida ha sido un espectáculo donde hay más ansiedad que tranquilidad. Todos somos candidatos al estrés.

Conozco de cerca a diversos psicólogos, y me doy cuenta de que en realidad, muchos saben lidiar con los dolores de los demás, pero tienen gran dificultad para controlar sus propias emociones, principalmente en los momentos de gran estrés. Por tratarse de los dolores del alma, se psicoadaptan a los pequeños estímulos de placer y alegría de la rutina diaria y se entristecen, pierden el brillo. Envejecen precozmente en el área dónde jamás debían envejecer: en el territorio de la emoción. Por eso muchos se deprimen.

Es raro encontrar un psiquiatra con más de quince años de carrera disfrutando de lo bello, y siendo capaz de aprovechar con sutileza y libertad las pequeñas alegrías que cada día trae.

Los antidepresivos tratan la depresión, pero no producen placer. Los ansiolíticos tratan la ansiedad, pero no traen serenidad. No sabemos cómo producir una persona alegre y tranquila. Pero hace dos milenios, apareció un hombre que propuso que los seres humanos vinieran a Él, y aprendieran lo que ninguna escuela enseña: tranquilidad, descanso emocional, pensamiento desacelerado y lúcido, placer existencial estable.

A pesar de saber de la violencia del martirio que lo esperaba, Jesús no vivió el síndrome del pensamiento acelerado. Dormía en medio de la aflicción de los discípulos, como en el episodio del mar agitado. Estaba en el auge del dolor físico y psicológico pero, si estuviéramos presentes en la escena, contemplaríamos a un hombre que emanaba calma en el caos.

La psicología y la psiquiatría no solamente se doblaron a sus pies sino que no tuvieron la iniciativa de investigarlo.

Camino en dirección a la casa de Pilato

Jesús salió sangrando de la casa de Caifás, casi sin energía. Caminando con dificultad, hizo otra angustiante caminata hasta la Fortaleza Antonia, donde estaba Pilato. Llegó el momento de que la ley romana lo juzgara (Mateo 27.1).

El Sanedrín deseaba que Pilato lo condenase rápidamente, sin un juicio formal, y se responsabilizase de su sentencia a muerte. Los líderes judíos no querían ser acusados de haberlo condenado a muerte (Juan 18.31).

6 | El juicio realizado por el Imperio Romano

Las leyes romanas representaban la más bella cultura jurídica y el más bello cántico acerca de los derechos humanos de la antigüedad. Ellas influirían decisivamente el derecho moderno. Sin embargo, no pocos líderes del imperio distorsionaron las leyes y corrompieron el derecho.

Debemos preguntarnos: ¿Tuvo Jesús un juicio justo? ¿Garantizaron las leyes romanas sus derechos fundamentales? ¿Respetó Pilato la norma de la ley o la desmenuzó? Necesitamos comprender por qué el juicio del más inocente de los hombres se convirtió en pena máxima, y por qué fue de tal forma agredido durante su proceso.

Las tres acusaciones de los judíos

Los judíos buscaron a Pilato. Necesitaban convencerlo de ejecutar a Jesús, antes que el pueblo organizase una sedición. Atropellar la conciencia del gobernador de Judea y hacerlo satisfacer el deseo del Sanedrín no sería una tarea fácil.

Lucas registra que Herodes Antipas, hijo del rey Herodes, sabía que Jesús era muy famoso y por eso deseaba conocerlo. Pilato ciertamente también conocía la fama de Jesús. Esa tesis queda comprobada por su rápido convencimiento de que el Maestro era inocente. Estaba convencido de que no ofrecía riesgo a la estabilidad del estado.

Los judíos hicieron tres graves acusaciones contra Jesús. Lo acusaron de agitar a la nación, de impedir el pago de tributos a César y de hacerse rey. Las tres acusaciones, a pesar de ser muy serias, eran falsas.

Primera acusación: Agitar a la nación

Jesús magnetizaba a las personas. Su poder de comunicación era fascinante. Las multitudes quedaban extasiadas al oír sus palabras y asombradas por la grandeza de sus gestos. Ese carpintero causó una gran revolución en sus vidas. Los seres humanos más humildes fueron elevados por Él a los niveles más nobles de la dignidad.

El Maestro de la vida dio profundas lecciones tanto a hombres como a mujeres. Despertó el ánimo y el sentido de sus vidas. Les enseñó a amar la verdad y a ser fieles a su propia conciencia, pulió la inteligencia de ellos conduciéndolos a pensar antes de reaccionar; a no imponer, sino exponer las ideas con sabiduría y libertad. Los vacunó contra la competencia predatoria, el individualismo y la agresividad. Los llevó a pensar en la brevedad de la vida y a buscar metas que transcendieran el tiempo.

Con sus discursos únicos, el Maestro arrebataba a las multitudes, pero no exacerbaba a la sociedad. Acusarlo de agitar e incitar una sedición era totalmente falso. En realidad, equilibraba y daba estabilidad a la sociedad. Proporcionaba condiciones para que las relaciones sociales fueran reguladas por la solidaridad, por la justicia y por los sentimientos más nobles.

No agitaba a la nación, pero movía el corazón de las personas. Decía que era la luz del mundo (Juan 8.12). En realidad, entraba por las grietas del alma, alumbraba los rincones de la emoción, echaba fuera todo temor e irrigaba con esperanza a los abatidos. Las multitudes acudían para ver el fulgor del Maestro. Era imposible ocultarlo.

Dicen que había un joven que vivía en un sótano oscuro. Se sentía inseguro y amedrentado y quería de todas maneras poner una lámpara para alumbrar el sitio. Finalmente, logró contactar a un electricista y satisfizo su deseo. Pero entonces, aquella noche el joven no durmió, pues la luz lo incomodó. ¿Por qué? Porque el ambiente alumbrado reveló telarañas, cucarachas e inmundicias. Solo después de hacer un buen aseo general fue que el joven se calmó y durmió.

Los fariseos vivían en la oscuridad. Como no admitían ni deseaban hacer un aseo en sus almas, la luz del Maestro los incomodaba. ¿En qué solución pensaron? Prefirieron destruir la luz antes que dejarse alumbrar por ella.

Segunda acusación: Impedir el pago del tributo a César

El aparato del Imperio Romano era carísimo. Los administradores del emperador y de los senadores, así como los gastos de los ejércitos, dependían de los impuestos del mundo dominado por Roma. El imperio se infló, pues para sobrevivir necesitaba ser grande.

Como mostré en el *Maestro de las emociones*, Jesús no impedía el pago de tributos a César. Él hablaba de otro reino, uno eterno, donde no había injusticias, lágrimas, dolores ni muerte. Las personas debían «dar a César lo que es de César y a Dios lo que es de Dios» (Mateo 22.21).

Para Jesús, los seres humanos debían buscar en primer lugar el reino de Dios. La conciencia de la brevedad de la vida debía ayudarlos a ver un mundo que sobrepasa la esfera material, que va más allá de los límites físicos.

El Maestro de la vida deseaba que las personas tuvieran la ambición de acumular un tesoro que la polilla no corroe ni los ladrones roban. El pago del tributo a César dependía del sudor del trabajo. El pago del tributo a Dios no dependía del dinero, bastaba un corazón sencillo y dispuesto a amar.

Tercera acusación: Hacerse rey

El Maestro de Nazaret no quería hacerse rey, aunque tuviera todos los atributos para ser el más brillante monarca. Era lúcido, sabio, perspicaz, elocuente, justo, amable, afable, sereno, equilibrado. Él no deseaba el trono político.

Quería ser rey en el corazón humano. Prefería el amor de las personas sencillas al rimbombar de los aplausos de la multitud.

Los líderes judíos presionan a Pilato

Las acusaciones hechas por los judíos eran serias. La pena de muerte era por apedreamiento (Levítico 20.2-27; Deuteronomio 13.10; 17.15). La crucifixión era una práctica fenicia que fue adoptada por los griegos y posteriormente por el Imperio Romano. Roma solamente crucificaba esclavos y criminales atroces.

Cristo, cuatro veces había predicho que sería crucificado. La cuarta y última vez fue poco antes de morir, algunos días antes de la Pascua judía (Mateo 26.2). El carpintero de Nazaret sabía que no moriría apedreado. Esa previsión no es común, y aun menos común es ver a alguien como Jesús dirigir su propio juicio con gestos, palabras y momentos de silencio.

La muerte en la cruz es lenta y angustiante. Quería morir como el más vil de los hombres, pasando por todos los suplicios. Su historia está saturada de enigmas. Nosotros siempre estamos esquivándonos del dolor pero Él, mostrando una emoción inconmovible, fue a su encuentro.

Los líderes judíos decidieron usar la política romana para ejecutar a aquel hombre amado por las multitudes. Decidieron que Roma lo condenaría por ser el más insolente blasfemo.

Libres de la responsabilidad de la muerte de Jesús, los fariseos, los escribas y los sacerdotes manipularon al pueblo, llevándolos a despreciarlo y a verlo como un agitador político. Por eso, tal vez, la brillante nación de Israel aun no investigó la historia del Maestro de maestros detenidamente. ¡Ojalá este libro propicie condiciones para que algunos judíos lo investiguen!

La estabilidad del Imperio Romano se debía a la tolerancia

Una de las causas de la fragilidad de los gobiernos socialistas, fue la falta de tolerancia y respeto por la cultura y por las prácticas religiosas. Las democracias capitalistas tienen innumerables enfermedades, pero uno de los secretos de su razonable estabilidad es la existencia de un buen sistema de libertad de expresión y de pensamiento. Es posible encarcelar los cuerpos y esposar las manos, pero no se pueden encarcelar los pensamientos.

Al intentar aprisionar el pensamiento de las personas, los gobiernos dictatoriales construyen una poderosa arma contra sí mismos. Hasta en las enfermedades psíquicas, el pensamiento encarcelado explota por la ansiedad y se vuelve contra el cuerpo, produciendo innumerables síntomas psicosomáticos.

Roma debía tener cerca de setecientos cincuenta años de fundada cuando Jesús nació. Inicialmente un pueblo pequeño; con el paso del tiempo Roma se desarrolló y llegó a ser un inmenso imperio que perduró muchos siglos. Antes que muchas sociedades modernas, sus dirigentes descubrieron que la supervivencia del imperio solo podría tener una razonable estabilidad si respetase la cultura y las prácticas religiosas. Por lo tanto, no se explica por qué la cúpula judía condujo al Maestro de Nazaret a Pilato, pues el conflicto existente era una cuestión cultural, espiritual, de libertad de conciencia. No competía a Roma juzgar tales temas. Por saber eso, Pilato no quería juzgar el caso. El gobernador tenía conciencia de que los judíos estaban entregando a Jesús por envidia (Mateo 27.18). En la primera parte del juicio, interrogó a Jesús dos veces.

La primera vez, no encontró ningún crimen digno de muerte. Por eso insistió para que el Sanedrín lo juzgara según la ley de los judíos. Perspicaces, los miembros del Sanedrín se esquivaron, diciendo que no les era lícito matar a alguien. Temían un disturbio social.

El reo interroga a Pilato

Como los judíos no querían ensuciarse las manos, Pilato regresó al pretorio, a la sala de juicio, y le preguntó a Jesús si era el rey de los judíos. Para sorpresa de Pilato, Jesús comenzó a interrogarlo, indagando de quién venía aquella pregunta. Con la misma osadía con que interrogó a Anás, el Maestro interroga al gobernador de Judea.

El Maestro de la vida deseaba estimular a Pilato a pensar. Quería que él saliera de aquella atmósfera de tensión e hiciera un juicio libre de pasión, fuera de la influencia de la cúpula judía. Pero el gobernador no entendió. Estaba dominado por el clima estresante y respondió ásperamente que no era judío. Dijo peyorativamente que «su propia gente» era quien lo estaba entregando para ser juzgado.

Una respuesta perturbadora

Ante la arrogancia de Pilato, Jesús pronuncia algunas palabras que remecen las bases del ríspido gobernador. Dice que su reino no pertenece a este mundo y que, si así fuera, sus ministros se empeñarían para que no fuera entregado a los judíos.

Pilato entendió el mensaje intrigante. Por eso, añadió en seguida: «Luego, ¿eres tú rey?» (Juan 18.37). A lo que Jesús respondió: «Tú dices que yo soy rey. Yo para esto he nacido, y para esto he venido al mundo». El gobernador no podía creer lo que estaba oyendo.

Las implicaciones de las palabras de Jesús eran absurdas. Él afirmaba que su reino no era de este mundo, lo que nos lleva a concluir que hay otro. La ciencia solo consigue percibir y estudiar los fenómenos físicos de un mundo material, incluso si esos fenómenos ocurren en galaxias lejanas, a billones de años luz. Sin embargo, Jesús declara que hay un mundo más allá de los fenómenos físicos, uno tan real que posee un reino. En ese reino Él es el rey.

Aunque era rey de otro mundo, dijo literalmente que nació para ser rey, no un rey político, sino del interior del ser humano. No quería sojuzgar y dominar a las personas, sino mezclarse con sus almas y enseñarlas a vivir. ¿Cómo podía un hombre herido, que mal se aguantaba parado, decir que nació para ser un gran rey?

Jesús afirma claramente que su nacimiento fue diferente al de todos los demás. Fue guiado y previamente planeado. ¿Planeado por quién? No por María ni José, pero sí por el Autor de la vida. Jesucristo tenía una misión especial. Pero, al contrario de todo hijo de rey, no quiso el confort de un palacio ni los manjares de los príncipes.

Pilato quedó perturbadísimo al oírlo. Pilato, que había sido gobernador, tenía delante de sí a un simple carpintero afirmando que era rey de otro mundo, y que nació con un propósito incomprensible para su mente. ¿Quién estaba delante del gobernador: un reo sangrando o el heredero del trono más poderoso?

El niño y el adulto

Herodes el Grande quería matar al niño Jesús porque se le informó que había nacido para ser rey. Pero el niño creció en estatura y sabiduría. Todos querían estar a su lado.

Su inteligencia no fue superada por la de ningún otro hombre. Su didáctica como narrador de historias, estimulador del arte de la duda y del arte de pensar, jamás fue rebasada por ningún educador. Su poder sobrepasó el de los emperadores, su amabilidad y su preocupación por el bienestar de los demás jamás fueron superadas por ningún defensor de los derechos humanos. Él tenía todo para ser el rey más grande de la tierra. Pero mostró la más bella humanidad.

El adulto Jesús no inspiraba ningún temor a Pilato, pero el niño Jesús causó pánico en Herodes. Herodes el Grande, se imaginó al niño creciendo y destruyendo su reino. A pesar de ser sanguinario, Pilato conocía y admiraba al hombre Jesús y quería soltarlo. ¡Qué contraste!

Después de decir que nació para ser rey, Jesús sigue diciendo que vino para dar testimonio de la verdad. Con esas palabras confundió aun más al gobernador de Judea. Afirmó que entró en el mundo físico no para fundar una corriente de pensamiento, sino para dar testimonio de la verdad. Y, con la mayor seguridad, completó: «Todo aquel que es de la verdad, oye mi voz» (Juan 18.37).

Por primera vez un reo dejó a Pilato sin palabras. El gobernante solo logró balbucear: «¿Qué es la verdad?» No esperó la respuesta de Jesús y, perturbado, se fue otra vez al encuentro de los hombres del Sanedrín intercediendo para soltarlo.

La pregunta de Pilato sobre «¿Qué es la verdad?» no era filosófica, no indagaba sobre la naturaleza, los límites y el alcance de la verdad. Era fruto de su ansiedad. Jesús estaba libre; Pilato, controlado por la ansiedad. El Maestro de maestros, aunque herido, lograba reinar sobre la inseguridad del gobernador de Judea.

Testimonio de la verdad

Jesús dijo que vino a dar testimonio de la verdad. Cada frase que profirió tenía gran significado. ¿De qué verdad vino a dar testimonio? No es la verdad lógica que la ciencia busca inalcanzablemente y no encuentra, pues esa es mutable, se desarrolla con la expansión del conocimiento.

Se refería a la verdad esencial, a la verdad relacionada con el Autor de la existencia. La verdad generadora, la fuente de la creación, capaz de multiplicar panes y peces, sanar leprosos, devolver la vista a los ciegos. La verdad que entra en la esfera de la fe, una esfera donde la ciencia se calla. Esa verdad, incomprensible para la mente humana, es la fuente primera, el principio de la vida y de la existencia.

Cierta vez Jesús agradeció calurosamente a su Padre diciendo que Él ocultó sus misterios de los sabios e instruidos y los reveló a los pequeñitos. Eso muestra que Dios posee deseos y preferencias. Él se agrada o se aburre con determinadas características de la personalidad humana. Rechaza el orgullo y la autosuficiencia, pero acoge la simplicidad y la humildad. Para el Maestro, esas características no indican desvalorización o compasión de sí mismo, sino una disposición incansable y vibrante para aprender.

Agrada al Padre revelarse a los pequeñitos. Ser pequeñito no significa ser pobre financieramente, ni indocto intelectualmente, sino sensible para percibir y ser enseñado por aquel que es grande, el Maestro de la vida. Los estudiados al igual que los ricos pueden ser sencillos en la manera de ver la vida. Muchos indoctos pueden ser arrogantes y tercos con su autosuficiencia.

Tenemos que estar atentos a nuestra actitud ante la vida. Quien es incapaz de cuestionar las propias verdades, no tiene nada más que aprender. Su conocimiento se transforma en una cárcel.

El Maestro de la vida solo lograba enseñar a las personas que no estaban llenas de viejos conocimientos, preconceptos cristalizados y verdades absolutas. Por considerarse especialistas en Dios, los miembros del Sanedrín no tenían nada más que aprender. Al mirar al Nazareno, solo lograban ver a un carpintero pretencioso y de pacotilla.

Enviado a Herodes Antipas

Al amenazar con liberar a Jesús, Pilato sufrió gran presión por parte de los líderes judíos. La situación era insostenible. Por tanto, al saber que Jesús era de Galilea, y que el gobernador de Galilea, Herodes Antipas estaba justamente en aquellos días en Jerusalén, decidió enviarlo a él.

La decisión de enviar a Jesús a Herodes tenía dos motivos: la incapacidad para librarse de la presión de los judíos —a fin de tomar una decisión en el juicio de Jesús de acuerdo con su conciencia—, y el deseo de agradar a Herodes y resolver sus diferencias políticas usando al famoso reo (Lucas 23.7).

Bien temprano por la mañana, el reo hizo una humillante caminata más hasta otra autoridad romana. Algunos lo vieron pasar escoltado y herido. No se podía reconocerlo bien. Ansiosos, dudaron de la escena y se preguntaban: «¿Es posible que el prisionero sea aquel que tocó nuestros corazones y nos animó a vivir?»

7 | Dos Herodes amenazando a Jesús

El padre y el hijo

Cuando Herodes recibió a Jesús, quedó extasiado. Conocía su fama. Sus hechos increíbles habían llegado a sus oídos. Pero nunca había visto al Maestro.

Imaginen la escena. En la vida de Jesús pasaron dos Herodes, el padre, llamado el Grande, y el hijo, llamado Antipas. El padre quería matarlo y el hijo ahora iba a juzgarlo. El padre lo persiguió físicamente y el hijo iba a torturarlo psicológicamente. El padre lo consideró una amenaza, y el hijo, un falso rey.

Herodes el Grande no logró matarlo, pero Herodes Antipas logró matar a Juan Bautista, su precursor. Por el capricho de una mujer, Antipas mandó matar sin piedad a aquel que vino anunciar a Jesús, la voz que clamaba en el desierto y enderezaba las sendas de los humanos, para que pudiesen recibir al Hijo del Altísimo.

Herodes Antipas admiraba a Juan el Bautista, pero al final mandó a decapitarlo, mostrando su lado violento. Pilato también admiraba a Jesús, sin embargo lo condenó a morir en la cruz. En la política, la conciencia es aplastada por los intereses particulares.

La vida humana poco valía en las manos de esos hombres. Para ellos, el ser humano, principalmente el de baja posición social no tenía historia, no lloraba, no soñaba, no amaba, ni disfrutaba del espectáculo de los pensamientos y de las emociones. Era como si ni siquiera perteneciesen a la misma especie.

En realidad, todo ser humano posee un mundo a ser descubierto. El único que no admite eso es el que ve a los demás solamente con los ojos físicos.

Una paciencia sin límites

Jesús sabía que Herodes el Grande intentó matarlo cuando niño. Más que eso, sabía que sacrificó a innumerables niños inocentes en su intento por eliminarlo. Sabía también que Herodes Antipas había matado a un gran amigo suyo, aquel que lo presentó al mundo. Era por ese hombre que Jesús estaba siendo juzgado.

Los judíos estuvieron en presencia de Herodes acusando a Jesús de haber conspirado contra el imperio (Lucas 23.10). Querían que Herodes tomara la actitud que Pilato no asumió. Pero por haber oído hablar acerca de los hechos sobrenaturales de Jesús, el gobernador de Galilea estaba deseoso de verlo hacer uno de sus milagros. Presionó de muchas formas al Maestro de la vida para que diese un espectáculo. Una vez más Jesús estaba entre los líderes judíos y los líderes romanos.

Si nos acordásemos de los niños que murieron y del asesinato de un amigo, ¿qué haríamos en el lugar del Maestro? Jesús no hizo nada. Ante las provocaciones de Herodes Antipas para que los divirtiese, mantuvo un frío silencio. No intercambió una sola palabra con el gobernador de Galilea. Debió estar recordando las espadas sacrificando a los niños, las lágrimas de aflicción de las madres. Debió estar recordando al amigo degollado.

Como Herodes no consiguió el espectáculo que deseaba, armó un anfiteatro y puso a Jesús como el personaje principal de su escarnio. Mandó a vestirlo con un manto brillante y animó a sus soldados para que se burlasen de Él.

Una vez más, si tuviéramos el poder que Jesús demostró tener, ¿qué haríamos con Herodes, si nos humillase? Probablemente lo hubiéramos destruido. Pero Jesús, el más dócil y amable de los hombres, una vez más se calló.

El Maestro de la vida reforzó las preciosas lecciones que ya había dado. No usó la violencia contra sus enemigos. En lo sumo del dolor, recurrió a la herramienta del silencio. Sabía protegerse, no dejaba que la burla de aquellos hombres le hiriese el alma. Sus enemigos no imaginaban que con su silencio, los estimulaba a pensar. Controlados por el odio, dejaron de aprender la lección.

No tenemos la habilidad para proteger nuestras emociones como el Maestro de la vida. Detonamos fácilmente el gatillo de la agresividad contra los que nos frustran. No matamos físicamente, pero sí psíquicamente, a aquellos que nos ofenden o decepcionan.

Los tímidos vuelven su agresividad contra sí mismos, se dejan aplastar por sentimientos de culpa, no soportan errar, permiten que la basura social invada el territorio de su emoción. Nuestra paciencia tiene límites, nuestra tregua tiene condiciones, pero la tolerancia de Jesús era ilimitada.

Cómo usar el dolor del Maestro para la reconciliación política

Desafortunadamente, entre los bastidores de la política se excusan muchos acuerdos y arreglos. A veces la miseria sirve de excelente oportunidad para que algunos políticos se promuevan. Si la miseria fuere extirpada, muchos de ellos estarían alejados del escenario social. Las excepciones son los políticos que respetan el arte de legislar y gobernar.

Además de no ser justos en la audiencia de Jesús, Pilato y Herodes Antipas hicieron acuerdos políticos entre bastidores. Pilato gobernaba a Judea; Herodes Antipas a Galilea. Pilato y Herodes Antipas gobernaban regiones vecinas, pero no se entendían, involucrados en intrigas y contiendas. ¿Cómo hacer que esos dos políticos se reconciliasen? Pilato, inteligente, buscó agradar a su vecino usando al famoso reo como mercancía.

Herodes jugó con el destino del Maestro, lo usó como objeto de diversión y así calmó la ira de Pilato. Lucas relata que ambos se reconciliaron, usando como instrumento el dolor de aquel que jamás hizo uso del sufrimiento de los demás para obtener cualquier ventaja. La política salió en paz, pero la justicia, maculada.

Jerusalén despierta y comienza a ver una escena increíble

Eran entre las siete y ocho de la mañana. Jesús sería crucificado a las nueve. Diversas personas vieron una escena espantosa. Jesús salió de la casa de Herodes deformado, lleno de hematomas, vacilando y vestido con un manto escandaloso, y fue en dirección a la Fortaleza Antonia, donde se encontraba Pilato.

La increíble noticia ya había comenzado a regarse desde la primera caminata hasta Pilato y la segunda hasta Herodes. Muchas personas fueron a las calles. Ahora, al ver a Jesús saliendo de la casa de Herodes, los rumores se difundieron como fuego. Jerusalén comenzaba a despertar para lo que estaba sucediendo. Descubrieron que hasta sus discípulos lo habían abandonado.

Los habitantes de Jerusalén, así como también los miles de hombres y mujeres que venían de sitios lejanos para ver a Jesús, quedaron aterrados. No podían creer que el más fuerte y brillante de los hombres estuviese tan frágil y solitario. No era posible que aquel hombre único que resucitara muertos, se estuviera muriendo.

La fe de las personas quedó profundamente estremecida. La posible revuelta para defender al Maestro dio lugar al espanto. No lograban reponerse y mucho menos culpar al Sanedrín, pues quien estaba liderando el juicio era el poderoso Imperio Romano.

Jesús caminaba en dirección a Pilato. Para sus enemigos, el sufrimiento del Maestro era un espectáculo de sarcasmo; para los que lo amaban, uno de dolor. Ellos se morían por dentro al verlo sufrir.

Los discípulos no durmieron. Pasaron la noche despiertos, llorando por haber abandonado a su amado Maestro, angustiados por saber que estaba siendo mutilado por sus enemigos. El desespero de Pedro era grande. Comentó a los otros que el Maestro había sido bárbaramente aporreado y que él lo negó tres veces. Nadie sabía qué hacer. El mundo parecía desmoronarse sobre ellos. Fue una noche inolvidable.

8 | Cambiado por un asesino: Los azotes y la corona de espinas

Cambiado por un asesino

Al dirigirse Jesús de regreso a la Fortaleza Antonia, Pilato reúne a los principales judíos y dice que no halló crimen alguno en el reo, ni tampoco Herodes, pues lo había devuelto. Por lo tanto, el gobernador se dispuso a soltarlo. Y para aplacarles la ira, dijo que lo azotaría.

Los judíos no aceptaron el veredicto de Pilato. Suelto, el fenómeno Jesús se volvería un peligro para los líderes de la religión judía. Ante la presión de los judíos contrarios a liberarlo, Pilato usó un precedente cultural para eso. En la Pascua judía era costumbre del gobernante romano soltar un prisionero estimado por la población. Tal actitud expresaba la benevolencia del imperio para con el pueblo.

Como era Pascua, Pilato propuso soltar a un criminal. Mateo relata que el gobernador les dio la siguiente opción: Barrabás o Jesús (Mateo

27.17). Había en la propuesta de Pilato dos intenciones. La primera era seguir su conciencia y soltar a Jesús, pues lo consideraba inocente. La segunda era provocar a los judíos, dándoles una opción vergonzosa. Barrabás era un asesino, mató a alguien de su propia gente. Si hubiera asesinado a un soldado romano, ya estaría muerto, crucificado.

El Sanedrín, por lo tanto, tendría que decidir: o soltaría a un asesino o al carpintero de Galilea. Pilato pensó que los líderes judíos ciertamente acordarían soltar a Jesús. Con todo, para su espanto, optaron por soltar a Barrabás al instigar a la multitud a que lo acogiese (Mateo 27.20).

Prefirieron a un asesino antes que al poeta de la vida. Prefirieron a alguien que derramó sangre de su propio pueblo antes que aquel que arrebatara a las multitudes y las animara a amar a sus enemigos. El Maestro de la vida fue preferido por los especialistas en Dios. Desconsideraron su historia, la ternura con que trataba a los miserables y a los heridos del alma.

La libertad de Barrabás pondría en riesgo la vida de algunas personas, pero la del carpintero pondría en riesgo las convicciones y las verdades de los líderes de Israel. Intentaron contener las llamas de Jesucristo, pero no lo lograron. Aun torturado, humillado y cambiado por un asesino, revolucionó la historia.

Había una pequeña multitud, algunas centenas de personas, en la presencia de Pilato. Estaba compuesta por los hombres del Sanedrín, sus siervos y el grupo de soldados que arrestaron a Jesús. No era una gran multitud, ni era la misma multitud que amaba a Jesús, pues esa era enorme y compuesta de decenas de millares de personas de Jerusalén y de muchas regiones de Judea, Galilea, Samaria y otras naciones.

Todas las películas que he visto sobre Jesús tienen una gran deuda en relación a su historia verídica. No rescataron los fenómenos sociales y psicológicos presentes en la actitud de los hombres del Sanedrín, en la multitud que los acompañaba, en la mente de Jesús y de Pilato, ni en la enorme multitud que estaba en Jerusalén por causa de Jesús.

Jesús era muy famoso, pero como vimos después de haber resucitado a Lázaro, ya no podía caminar libremente en Jerusalén. ¿Por qué? Porque todos los días los familiares de los muertos lo buscaban desesperadamente para que los resucitase. Como la mayoría de esas personas venían de lejos, y Jerusalén no estaba preparada para recibir a tantos forasteros, muchos debían estar durmiendo a la intemperie.

Jerusalén despertó perturbada. Poco a poco se regaba la noticia de que Jesús estaba siendo juzgado y que tenía el rostro desfigurado, los que dormían al aire libre fueron primero en dirección a la Fortaleza Antonia. Todos estaban ansiosos de recibir noticias. La llama de la esperanza de aquel pueblo sufrido comenzaba a apagarse.

Un asesino ovacionado

Mientras tanto, la pequeña multitud dentro de la casa de Pilato reaccionaba a la liberación de Jesús. Influenciada e instigada por el Sanedrín, gritaba: «¡Barrabás! ¡Barrabás!» Nunca un asesino fue tan ovacionado de esa forma. Los hombres gritaban a todo pulmón para que Pilato soltara a Barrabás.

Hay un gran número de personas que no tienen intimidad con el arte de la duda, por eso nunca se cuestionan a sí mismas, ni dudan de los pensamientos de los que admiran. Así, no expanden su conciencia crítica. Defienden con convicción ideas que nunca fueron suyas, y sí, plantadas por otros. Tal vez algunos de los que clamaron por la crucifixión de Cristo habían sido sus admiradores días antes. Pero después de su prisión, fácilmente se dejaron manipular por los fariseos. Aquellos que reaccionan sin pensar, serán siempre un juguete en las manos de los más elocuentes.

El más amable de los hombres oyó el clamor de los que lo cambiaban por un asesino. Jesús en aquel momento sintió lo sumo de la discriminación, una discriminación igual o mayor a la que muchos judíos experimentaron en la Segunda Guerra Mundial. ¿Qué sentiríamos si estuviéramos en su lugar? El sonido penetraba en sus tímpanos, pasaba por su cerebro y atravesaba las intenciones de sus emociones. Si Él y su Padre fueron los autores de la creación humana, se concluye que en ese momento, la criatura traicionó drástica y completamente a su Creador.

Judas ya lo había vendido por el precio de un esclavo, ahora los hombres lo cambiaban por un homicida. Los animales del pesebre en que nació fueron más benévolos con Jesús que los hombres.

Si Jesucristo tenía el poder más alto del universo, ¿no sería el momento de desistir de la humanidad? ¿Qué amor es ese que nunca desiste? El dolor del rechazo es frecuentemente inolvidable. El fenómeno RAM (registro automático de la memoria) lo registra de manera privilegiada en las áreas centrales de la memoria. Queda siempre disponible para ser utilizado en nuevas cadenas de pensamientos. Por eso, difícilmente alguien que fue discriminado deja de sentir, aunque sea por unos momentos, el amargor del rechazo a lo largo de la vida.

Cualquiera serviría para ser cambiado por el amable Maestro de la vida. Una persona podría cometer el crimen más repulsivo y, aun así, el Sanedrín rechazaría a Jesús y aclamaría a tal criminal. Para los fariseos, el Maestro de maestros era indigno de estar vivo.

Barrabás salió de lo común y corriente a la aclamación, de la clandestinidad al heroísmo. Jesús permaneció en silencio. No se desesperó ni se indignó con tal rechazo. El Maestro de la vida utilizó la herramienta del silencio para enseñarnos a no caer en las trampas de la emoción, y no gravitar en torno a lo que los demás piensan y hablan de nosotros.

La violencia de los azotes

Si leemos atentamente, palabra por palabra, coma por coma, el procedimiento de Pilato en los cuatro evangelios, tenemos la impresión de que actuó como un cirujano que abría el corazón de los fariseos, infectado por el orgullo y por la arrogancia. Después de oír el clamor del cambio fatal, Pilato quedó convencido de que los líderes judíos querían la muerte del Nazareno a cualquier precio, y no descansarían mientras no ocurriera.

Inconforme, el gobernador no cedió. No admitía que aquellos hombres controlasen su propia conciencia. Entonces, en vez de crucificarlo, prefirió flagelarlo con azotes. Pilato, que aparentemente parecía defender a Jesús, demuestra aquí su lado sanguinario. Indignado con el Sanedrín, descarga su ira sobre el reo. El hombre Jesús que sangraba en el rostro, sangraría ahora en la espalda.

Los soldados de Pilato sacian así su apetito por traumatizar a Jesús. Querían ver la resistencia del hombre que hiciera milagros impresionantes. Los azotes eran aplicados con un látigo llamado «fragrum». Ese látigo contiene varias tiras de cuero. En esas tiras se hallan pedazos de huesos o hierro, de manera que cada latigazo no solo causa edemas y hematomas sino también abre heridas.

Los hombres azotaron a Jesús con decenas de latigazos. La piel se abría, los músculos intercostales se exponían. A todos los torturados les es dado el derecho de vociferar, gritar de dolor, reaccionar con odio, pavor, pero aquel que se proponía a ser el Cordero de Dios para rescatar las injusticias de la humanidad, no tenía derecho a tales reacciones. El cordero sufre silenciosamente. El Maestro de la vida soportaba callado sus torturas, como una oveja muda delante de sus trasquiladores (Mateo 27.12).

Al verlo en silencio, la ira de los verdugos debió aumentar. Le pegaban más fuerte. Querían conocer su límite. Así, el hombre Jesús reaccionaba con todas sus fuerzas para resistir lo insoportable.

Cierta vez, una excelente enfermera me contó una historia acerca del drama del dolor ocasionado por las heridas. Ella hacía frecuentemente curaciones en heridas abiertas. Cuando los enfermos se quejaban de dolor o molestia, ella los criticaba.

Un día, a ella le hicieron una cirugía. Hubo contaminación, la piel y los músculos se le infectaron y los puntos se le abrieron. Toda vez que alguien le iba a hacer las curaciones, ella vivía un tormento. Ponerle una gasa sobre la piel abierta era como pasarle una lija sobre el cuerpo. La enfermera gritaba de dolor. Entonces se acordó de sus pacientes. Percibió que no comprendía el dolor de ellos. De ahí en adelante se volvió mucho más amable y tolerante.

Imaginen lo que Jesús sufrió con los azotes. Las tiras de cuero con metales surcaban su piel. Cada latigazo era como una cirugía sin anestesia. Al vestir su manto, la sangre se mezclaba con las fibras de la tela, como si una lija rozase la superficie de la piel. Nada lo aliviaba, sino la misteriosa relación que mantenía con su Padre. En todo momento debió haber dialogado con él acerca de su dolor, como lo hizo después de la Última Cena.

Debió haber hablado y orado silenciosamente al Padre cada vez que era aporreado, golpeado, escupido o martirizado. Había un misterio en su martirio. Jesús estaba en la condición de hombre, pero nadie reaccionó como Él en lo sumo del dolor. Una fuerza increíble lo sostenía. Gobernaba sus pensamientos y sus emociones en situaciones donde sería imposible conservar la lucidez. El Maestro de Nazaret fue un príncipe en el caos.

Coronado con espinas

No obstante el tormento sufrido en la casa de Anás, Caifás y Herodes, y los azotes impuestos por Pilato, Jesús pasó por el último y más dramático sufrimiento antes de cargar la cruz. Viendo la resistencia de aquel hombre, y sabiendo que los judíos lo acusaban de querer ser rey de la nación, lo vistieron como un falso monarca. Le pusieron un manto de color púrpura y sobre su cabeza una corona hecha de espinas. Y para escarnecer aun más al «falso rey», le dieron como cetro un cañizo de hierro.

Estaba preparado el tenebroso escenario. Ahora comienza una larga sesión de escarnio y golpes. Una turba de soldados, cerca de trescientos a seiscientos, se amontonaba alrededor de aquel hombre debilitado para divertirse. Imagine la escena.

Jesús estaba con la cara entumecida y cubierta de hematomas. Su espalda sangraba sin parar. Probablemente no le dieron agua toda la noche. Estaba sediento y con el cuerpo todo adolorido. Su debilidad no conmovía a los soldados. Estaban ciegos en su entendimiento y en su humanismo.

Un análisis sociológico del comportamiento humano revela que cuando las personas están airadas en un espacio público, reaccionan como animales. Si desean sobresalir con sus burlas, cada una trata de ganar a la otra. Algunas llegan a las últimas consecuencias.

Las Escrituras dicen que varios soldados se arrodillaban a los pies del Maestro de la vida, con una falsa reverencia (Mateo 27.29). Se burlaban, escupían, le arrebataban el cañizo y le pegaban en la cabeza. Los ojos de Jesús probablemente estaban tan entumecidos que veía mal, pero lo suficiente para saber que no debía reaccionar. Así que no abrió la boca.

Tal vez ese sea el único caso en la historia donde una persona haya pasado al mismo tiempo por lo sumo de la discriminación y del escarnio. La vida de Jesús estuvo marcada por extremos inconcebibles. Fue exaltado como rey y como Dios, y fue humillado como el más vil de los hombres.

Mientras los más chistosos le rendían el falso homenaje, se escuchaban largas carcajadas en medio del público. Exclamaban: «¡Salve, Rey de los judíos!» (Mateo 27.29) Seguramente lo empujaban para hacerlo caer. Se divertían con su dolor.

Si escondido en la piel del hombre Jesús se encontraba el ser más poderoso del universo, ¿cómo soportó ser el personaje central de un teatro de horror? ¿Cómo permitió que los hombres lo ultrajasen y lo escarneciesen? Imagino que nosotros, que somos capaces de reaccionar agresivamente con nuestros hijos o con nuestros padres sin grandes motivos, si tuviéramos tal poder, seguramente lo usaríamos para destruir a nuestros verdugos. Somos maestros de la impaciencia; Jesús es el Maestro de la mansedumbre.

Coronas de espinas y bofetadas

No hay noticias en la historia de que alguien haya sobrevivido después de humillar a un rey en el pleno ejercicio de su poder.

La historia humana tiene que volverse a contar. Si el Maestro de la vida era el Rey de los reyes, si se sentaba a la diestra del Todopoderoso, entonces debía estar registrado en todos los comentarios históricos: humillaron, torturaron y escarnecieron al mayor de todos los reyes; pero trató con amenidad a sus verdugos. Nadie salió herido, solo Él. No hay cómo no postrarse en su presencia.

Jesús soportaba el escarnio humano porque su emoción tenía una base sólida. No esperó casi nada de sus amigos, sabía que lo abandonarían. De los soldados, esperaba aun menos. No hay duda de que sufría mucho, pero no dejaba que la basura exterior abarrotara sus emociones. Uno de sus secretos era entregarse mucho y esperar poco.

Nosotros, al contrario, por esperar mucho de los demás terminamos siempre frustrados. Algunos son derrotados solo con una mirada o un pequeño gesto. Fácilmente nos hastiamos.

Los soldados, al percibir que Jesús no iba a gritar, no iba a reaccionar, ni a pedir clemencia, se pusieron impacientes e irritados. Cuando le pegaron con el falso cetro (Mateo 27.30), un dolor horrible y agudo cruzó su cabeza. Las espinas se incrustaron en su cuero cabelludo, un área intensamente irrigada de sangre. Decenas de puntos hemorrágicos surgieron. La sangre escurría por toda su cara. Era la sangre de un hombre. Soportó su dolor como un hombre y no como Dios.

Mientras la sangre escurría por los surcos de su cara, los soldados lo abofeteaban con sus manos vigorosas. Jesús debió haber sentido vértigos, desfallecimientos y seguramente se caía con más frecuencia al piso. Al caer, daba con la cabeza en el suelo y la corona de espinas se enclavaba más intensamente. Al dar con la espalda en el piso, su manto se pegaba a la piel abierta por los azotes.

Fue tratado por los fariseos como escoria humana; por los romanos como un hombre despreciable, un impostor, un falso rey. El único que rechazó el trono político para reinar en los corazones humanos, recibió como recompensa flagelos y azotes. ¡Qué difícil es gobernar el alma humana! Nosotros mismos no somos líderes de nuestro propio mundo.

El Maestro de Nazaret fue dócil y paciente en un ambiente donde solo había espacio para la ira y la agresividad. Nunca nadie pagó un precio tan alto por amar incondicionalmente al ser humano. La historia del Maestro de maestros estremece a cualquiera que la investigue.

Felices no son los que tienen una gran cuenta bancaria, los asediados por la prensa, los que habitan en palacios, sino los que encuentran motivos para amar, incluso en la ausencia de esas riquezas. Jesús es el ejemplo máximo de esa actitud.

9 | El último intento de los líderes judíos

«¡He aquí el hombre!», una expresión que refleja lo sumo de la tortura

Jesús fue azotado, coronado con espinas y abofeteado por el ejército romano, fuera del ambiente donde se encontraban los hombres del Sanedrín. Los soldados aún no podían matarlo, pues su juicio no había terminado. Fueron diez o veinte minutos de paliza, un tiempo inmenso para una persona indefensa, masacrada por centenares de soldados.

El Maestro de maestros estaba irreconocible. En lugar de la cara de un hombre había un rostro desfigurado. ¿Cómo podemos afirmar eso? Por la expresión usada por Pilato al presentar nuevamente a Jesús a los líderes judíos. Él dijo: «¡He aquí el hombre!» (Juan 19.5)

Con esas palabras, Pilato quiso tocar las emociones de los judíos, hacerlos tener compasión de Jesús. Era como si el gobernador de la Judea dijera: «He aquí un hombre agotado, mutilado, destruido y sin condiciones de amenazar a nadie. ¿Ustedes no logran ver que es simplemente un pobre y miserable hombre?»

Al oír la expresión: «He aquí el hombre», el Sanedrín se levanta y da un gran susto a Pilato. Le dice por primera vez al líder romano que querían matar a Jesús porque se hacía llamar Hijo de Dios (Juan 19.7), y el autor de tal blasfemia debía morir.

Al oír eso, Pilato entró en pánico. Él sabía que Jesús era misterioso, ya que perturbaba con sus palabras y expresiones. Tenía conciencia de que se trataba de un hombre fuera del común, pero no sabía que había confesado ser divino.

Probablemente fue en ese momento que apareció la esposa de Pilato y le dijo que había soñado con Jesús y que había quedado perturbada. El Maestro ya les había quitado el sueño a todos los fariseos, ahora le estaba quitando el sueño a la esposa de Pilato. Motivado por ella y convencido de que Jesús era inocente, Pilato se resiste a crucificarlo. Una vez más lo llama al pretorio. Sale para hablar otra vez con Jesús. El juez estaba confundido delante del reo.

Acusado de ser divino

Pilato deseaba una respuesta clara sobre la identidad de Jesús. Para obtenerla, usa su autoridad de gobernador conferida por el Imperio Romano y dice: «¿No sabes que tengo autoridad para crucificarte, y que tengo autoridad para soltarte?» (Juan 19.10) Jesús estaba bajo un juicio romano formal.

Como gobernador, Pilato tenía pleno poder, no solo para gobernar Judea, sino para actuar como un gran pretor que juzgaba según el derecho romano. Las grandes causas eran juzgadas por él mismo.

El poder de Pilato era realmente grande. El destino de los que vivían en la región bajo su gobierno estaba de verdad en sus manos. Al presionar a Jesús, el gobernador esperaba que se intimidase y revelase su identidad. Pero, una vez más el reo lo dejó consternado. Al oír aquellas palabras Jesús afirmó: «Ninguna autoridad tendrías contra mí, si no te fuese dada de arriba» (Juan 19.11).

Al Sanedrín, Jesús le dijo que se sentaría a la derecha del Todopoderoso, en el puesto más alto del universo. A Pilato, le afirma que la autoridad del gobernador no venía de Roma, sino de lo alto. Aquí sucede algo inconcebible en la historia del derecho y del poder político: el reo confiere autoridad al juez. ¡Qué situación tan impresionante!

Con su afirmación, el Maestro de Nazaret quería decir que hay un poder en el universo del cual salen todos los otros. Eso significa que el poder político era temporalmente permitido y que lo que es permitido será recompensado.

Pilato consideraba que su poder era dado por Tiberio, el emperador romano. Ahora, aquel hombre todo herido y lleno de hematomas decía que todo poder emanaba de Él. ¿Cómo puede alguien con la cabeza sangrando, el rostro desfigurado y a punto de ser crucificado, afirmar que su poder está por encima del Imperio Romano? El poderoso Pilato se comportaba como un niño delante del carpintero de Nazaret.

Jesús sorprendía a todos, cuando estaba libre y cuando estaba preso, cuando estaba saludable y cuando estaba destruido. Quería decirle al líder romano que tenía un poder mucho mayor que el suyo, que podría librarse del juicio y de la muerte si quisiera, pero no lo haría.

Los líderes de Israel y Pilato estaban alterados, pero nada perturbaba al Maestro de la vida, nada lo amedrentaba. Se mostraba imbatible en las ideas, cuando ya no había más fuerza en su cuerpo. Nunca un judío había sacudido de esa forma las convicciones del autoritario gobernador.

El rechazo y los sufrimientos, en vez de abatir a Jesús, nutrían su capacidad de pensar. Las pérdidas, en vez de destruirlo y desanimarlo lo hacían libre en el territorio de la emoción. Solamente alguien que extirpó todas las raíces del miedo puede ser tan libre.

El último intento: traicionar a la historia y apelar a Tiberio César

Pilato, admirado con el comportamiento de Jesús, una vez más lo trajo a la presencia del Sanedrín e intercede para que lo suelten. Sus idas y venidas muestran que estaba convencido de que el reo era inocente. Pilato tenía recelos de que ocurriese una sedición de los líderes judíos si liberaba a Jesús, y esos líderes temían a la multitud en el caso de que Jesús estuviese libre.

El perfil psicológico de Pilato y sus acciones, indicaban que se burlaba del Sanedrín. Señaló varias veces a Jesús y les decía: «¡He aquí vuestro Rey!» (Juan 19.14)

El gobernador de Judea solo temía a una autoridad: Tiberio César, el señor del mundo, el gran emperador romano. Por lo tanto, el último intento de los líderes judíos sería denunciar a Pilato al propio emperador. Los judíos odiaban el dominio de Roma, detestaban estar subyugados al César pero, por matar a Jesús, la única opción era mostrar total fidelidad al imperio. Por eso, le dijeron a Pilato: «No tenemos más rey que César» (Juan 19.15).

Y completaron afirmando que si Pilato no crucificaba a Jesús, estaría admitiendo a otro rey en la tierra de Israel, un monarca no asignado por el imperio. De esa forma, amenazaron con denunciar a Pilato ante César (Juan 19.12). Necesitamos reconstruir el escenario consciente e inconsciente del juicio más grande de la historia.

Traicionaron el histórico deseo de libertad

Tiberio César era un poderoso emperador. Aunque las leyes romanas fueran las más justas y humanas de los tiempos antiguos, el emperador gobernaba como un dictador. Además de ejercer el poder ejecutivo y judicial, también le era facultado legislar. Desde el punto de vista de la filosofía del derecho, el mayor dictador es aquel que aplica y juzga las leyes que él mismo elabora.

Reuniendo los tres poderes, los emperadores romanos tenían el de un semidiós. Cuando el poder entorpece a los seres humanos, no pocos anhelan el estatus de inmortal.

Al referirse a Tiberio César como rey, la cúpula de Israel traicionó su historia. El pueblo judío jamás aceptó el control de ningún imperio. El deseo de independencia estaba en sus raíces culturales, desde que Abraham, el padre de los judíos, dejara la tierra de Ur de los caldeos. Ese deseo se cristalizó cuando Moisés libertó a los israelitas de la servidumbre de Egipto y los condujo a la tierra de Canaán.

Como comenté en el *Maestro de maestros*, los judíos casi fueron víctimas de un genocidio por ser el único pueblo, según Flavio Josefo, en no adorar al sucesor de Tiberio, Caio Calígula, como dios.

El relato histórico de este texto es elocuente.[7] Muestra el coraje y la determinación de ese pueblo para preservar su identidad y su sed de libertad. Algunos embajadores de los judíos pidieron una audiencia a Caio Calígula porque temían ser destruidos si no lo adoraban. Fue una audiencia de conciliación, en la cual querían mostrarle que aunque no lo adorasen como dios, pues eso hería completamente sus principios y tradiciones, lo respetaban mucho. Hasta hacían sacrificios a Dios por

---

[7] Josefo, Flavio, *Historia dos hebreus*, Editora CPAD, Río de Janeiro, Brasil, 1990.

su salud y por su gobierno. Renuente, Calígula los recibió, pero con desprecio.

Esa audiencia podía determinar el destino de los judíos. Si el emperador los obligaba a adorarlo, ellos no aceptarían y, así, serían eliminados no solo de su tierra, sino de todas las ciudades donde habitaban. Filón, uno de los embajadores de los judíos, relata que ellos estaban profundamente amedrentados en esa audiencia. Registra: «Sentíamos la sangre congelarse en nuestras venas». Durante el encuentro, la cólera de Calígula cedió y él no los obligó a adorarlo, aunque no haya aceptado el argumento presentado. Al final de la audiencia, el emperador despreció la inteligencia y el destino de los embajadores judíos, comentando: «Esa gente no es tan mala sino infeliz. Son insensatos por no creer que yo tengo naturaleza divina».

Los embajadores judíos salieron de la presencia de Calígula diciendo palabras que se parecen mucho al juicio de Jesús: «Así fue como salimos, no de un tribunal, sino de un teatro y de una cárcel, pues vernos ridiculizados, escarnecidos y despreciados fue una verdadera comedia». Los judíos sintieron el dolor del desprecio y de la humillación provocada por el emperador. Se sintieron ultrajados, en un teatro, en un ambiente donde poco importaba lo que ellos pensaban y sentían.

En el juicio de Jesús sucedió lo mismo, pero de forma mucho más violenta. Un juicio realizado en medio de las formas más crueles de tortura y humillación. No importaban las pruebas, los sentimientos y los pensamientos del reo. Él tenía que morir, y lo más pronto posible, aunque para eso los líderes judíos tuviesen, por algunos momentos, que traicionar a su historia y afirmar que César era su único rey.

Despreciaron a Jesús, que tenía origen judío y que cuidaba de los heridos y abatidos de Israel, para proclamar al emperador romano como su gran líder, el mismo que les robaba exigiéndoles pesados impuestos.

Condenaron a Jesús por miedo a perder el poder

Cuando amenazaron denunciarlo al emperador, Pilato debió haberse acordado de que muchos gobernadores habían pasado por Judea y habían sido destituidos. Amedrentado y profundamente constreñido, cedió. Por miedo a perder el poder, condenó al más brillante e inocente de los reos.

Al ser condenados, después de haber sido juzgados formalmente, los criminales podían apelar al César. Probablemente los dos criminales que fueron crucificados al lado de Jesús estaban en el final del proceso y todos los recursos ya se habían agotado.

Jesús estaba bajo juicio romano hacía menos de tres horas. Si apelase al César, probablemente su proceso sería suspendido y transferido a Roma. Aun así no apeló. No hizo ninguna reivindicación. Solo aguardó la decisión final.

Se lavó las manos

Pilato cedió ante la posibilidad de comprometer su carrera política. Cometió un crimen contra su propia conciencia. Sin embargo, para calmar su sentimiento de culpa, hizo un gesto que iba a volverlo famoso: se lavó las manos. Muchos piensan que ese gesto fue digno de aplausos, y no pocos políticos lo han imitado a lo largo de la historia.

El gesto de Pilato fue tímido e injusto. Se lavó las manos, pero no podía limpiar su conciencia. La suciedad de las manos se quita con agua; la de la conciencia, solo con el reconocimiento de los errores y el propósito de volver a ser fiel a ella.

¡Cuántas veces también nos lavamos las manos! Cuando evitamos ayudar a alguien cercano, cuando buscamos eximirnos de nuestras responsabilidades. Nos lavamos las manos para protegernos del sentimiento de culpa ante actitudes justas y generosas que debíamos haber asumido.

Siempre que sea posible no debemos lavarnos las manos. Hay casos en los que la persona no quiere nuestra ayuda. Si después que agotamos nuestros argumentos la resistencia persiste, tal vez sea preferible alejarnos por un tiempo, manteniéndonos disponibles hasta el momento en que las ventanas de la mente del otro se abran para acoger nuestra contribución. Debemos siempre aguardar por una nueva oportunidad, un nuevo momento, aunque tarde en llegar.

El Maestro de Nazaret nunca se lavó las manos. Era poderoso, pero no sojuzgaba a nadie con su poder. Agotaba todos los recursos intentando ayudar a los necesitados, pero sin constreñirlos. Esperaba el momento adecuado para llevarlos a nuevos descubrimientos. Buscaba enseñar en forma sabia y agradable, y de la misma forma que daba libertad a las personas para errar, ofrecía incontables oportunidades para que se arrepintiesen de su error. No castigaba ni se vengaba. Estar cerca de Él era una invitación a reevaluar las bases de la vida.

Desde el punto de vista humano, el destino de Jesús dependía de Pilato. Por lo tanto, lavarse las manos era evitar asumir la responsabilidad. Nadie deseaba asumir la responsabilidad por la muerte de Jesús. Los líderes de Israel querían que el Imperio Romano asumiera su condenación, y el imperio, representado por Pilato, se lavó las manos para que recayese sobre ellos. Para Pilato, fue el Sanedrín quien condenó a Jesús; para la gran multitud de los que lo amaban, Jesús fue condenado por el Imperio Romano.

El hombre que es infiel a sí mismo no tiene días tranquilos. Algunos historiadores comentan que Pilato se suicidó. No hay cómo ser libre y feliz si no reconocemos nuestras fragilidades, si no buscamos cambiar el rumbo de nuestra vida y respetar nuestra propia conciencia.

El Maestro de la vida nos dio profundas lecciones para que aprendiéramos el camino de la serenidad. Vivió en forma tranquila en ambientes intranquilos. Permaneció libre, cuando Él mismo estaba encadenado. En el apogeo de la fama, tenía tiempo para contemplar los lirios de los campos. Nunca perdió la sencillez ni la libertad, incluso en las situaciones más estresantes y amenazadoras.

La sentencia de Pilato

Después de lavarse las manos y librarse del papel de juez, Pilato entregó a Jesús para ser crucificado. Sin embargo, como la muerte en la cruz era una condenación romana, el gobernador tenía que justificarla. Así que escribió su sentencia basado en las acusaciones de los judíos, y no en su conciencia.

A continuación transcribo la copia fiel del registro del proceso de Jesucristo, que se encuentra en el Museo de España:

«En el año diecinueve de TIBERIO CÉSAR, Emperador Romano de todo el mundo. Monarca invencible en la olimpiada ciento veinte... bajo el regimiento y gobernador de la ciudad de Jerusalén, Presidente Gratísimo, PONCIO PILATO. Regente en la baja Galilea, HERODES ANTIPAS. Pontífice sumo sacerdote, CAIFÁS, magnos del Templo, ALIS ALMAEL, ROBAS ACASEL, FRANCHINO CENTAURO. Cónsules romanos de la ciudad de Jerusalén, QUINTO CORNELIO SUBLIME Y SIXTO RUSTO, en el mes de marzo y día XXV del año presente, YO, PONCIO PILATO, aquí presidente del Imperio Romano, dentro del palacio y aquí residente juzgo, condeno y sentencio a la muerte, a Jesús, llamado por el pueblo —CRISTO NAZARENO— y galileo de nación, hombre sedicioso, contra la ley

mosaica, contrario al gran emperador TIBERIO CÉSAR. Determino y ordeno por esta, que se le dé muerte en la cruz, siendo clavado con clavos como todos los reos, porque congregando y ajuntando hombres, ricos y pobres, no ha cesado de promover tumultos por toda Galilea, diciéndose hijo de DIOS Y REY DE ISRAEL, amenazando con la ruina de Jerusalén y del Sacro Templo, negando los tributos a César, teniendo aun el atrevimiento de entrar con ramos y en triunfo, con gran parte de la plebe, dentro de la ciudad de Jerusalén. Que sea maniatado y azotado y que sea vestido de púrpura y coronado con algunos espinos, con la propia cruz sobre los hombros, para que sirva de ejemplo a todos los malhechores, y que, juntamente con él, sean conducidos dos ladrones homicidas; saliendo luego por la puerta sagrada, hoy ANTONIANA, y que se conduzca Jesús al Monte Público de la Justicia llamado de CALVARIO, donde, crucificado y muerto, quedará su cuerpo en la cruz, como espectáculo para todos los malhechores y que sobre la cruz se ponga en diversas lenguas, este título: JESÚS NAZARENUS, REX JUDEORUN. Mando, también, que ninguna persona de cualquier estado o condición se atreva, temerariamente, a impedir la justicia por mí ordenada, administrada y ejecutada con todo rigor, según los Decretos y Leyes Romanas, bajo pena de rebelión contra el Emperador Romano. Testigos de nuestra sentencia: por las doce tribus de Israel: RABAIM DANIEL, RABAIM JOAQUIN BANICAR, BANBASU, LARÉ PETUCULANI. Por los fariseos: BULLIENIEL, SIMEON, RANOL, BABBINE, MANDOANI, BANCUR FOSSI, por el Imperio Romano: LUCIO EXTILO Y AMACIO CHILCIO».

La sentencia de Pilato muestra los falsos motivos por los cuales Jesús fue condenado a la muerte. Muestra que muchas personas prominentes del Imperio Romano y de Israel atestiguaron y aprobaron la sentencia condenatoria. Todavía, tres verdades resaltan en este documento procesal.

Primero: Jesús, un gran comunicador

Como vimos, Jesús era un hombre magnífico. Su capacidad para expresarse era arrebatadora. Los estudiantes de comunicación y periodismo desconocen al mayor comunicador de la historia. Yo dicté algunas conferencias en universidades sobre el tema: «El arte de la comunicación del Maestro de maestros». Algunos de los oyentes quedaron atónitos con el poder comunicador de Jesús. Él se expresaba de forma honesta y poética. Era económico al hablar, pero preciso en las palabras, lograba ser dócil y extremadamente seguro. Hablaba mirando a sus interlocutores a los ojos.

Con su hablar penetrante, ejecutaba uno de los entrenamientos más difíciles de la inteligencia: el de la emoción y del pensamiento. Entrenaba a sus discípulos a trabajar en equipo, a no tenerle miedo al miedo, a no querer que el mundo se doblase a sus pies, a pensar multifocalmente en situaciones turbulentas, a ser tolerantes, gentiles, agradables, solidarios y a amarse los unos a los otros.

El tono de su voz no era tímido, sino elocuente. Jesús no temía chocar con sus oyentes. Sus discursos intrépidos y osados causaban una verdadera revolución en el núcleo del espíritu. El contenido de sus pronunciamientos, hasta hoy deja boquiabiertos a aquellos que los analizan con el corazón y la mente receptivos.

Multitudes de pobres y ricos, estudiosos e iletrados, hombres y mujeres lo seguían apasionadamente. Frecuentemente, al oír sus palabras las personas quedaban maravilladas.

Segundo: Jesús, un gran líder

Jesús causaba tanta admiración que, en su último regreso a Jerusalén, las personas pusieron ramos de palmeras y sus propias vestiduras en el piso para que pasara. Todos estaban extasiados con su poder y su elocuencia.

Por momentos, el pueblo se olvidaba de que estaba bajo el dominio del Imperio Romano, el cual disponía de la fuerza de millares de soldados. Querían que el Maestro los liderase. Pero Él afirmaba que su reino no era de este mundo. El único hombre que decía tener poder para dominar la tierra desordenó todos los conceptos al entrar, en el auge de la fama, a la gran ciudad de Jerusalén montado en un pequeño y desastrado animal. Eso ocurrió una semana antes de su arresto.

A pesar de no desear el trono político, la entrada de Jesús a Jerusalén fue triunfal y produjo un gran tumulto. El hecho de que Pilato incluyera ese detalle en el documento procesal prueba que acompañaba de cerca los pasos del Maestro antes de su juicio.

Al final de su sentencia, Pilato muestra su respeto y su temor incondicionales por el emperador Tiberio. Declara que quien afrontase su decisión de crucificar a Jesús, estaría rebelándose contra el propio emperador. En realidad, Pilato apenas registra la presión que los líderes judíos le hicieron, amenazando con denunciarlo al emperador en caso de que no condenara a Jesús. Por someterse a ese chantaje, deja claro en el documento procesal que Jesús se rebeló contra el emperador al hacerse rey. El texto de Pilato disimula la traición a su conciencia. En el papel quedó registrado aquello que no pensaba.

Tercero: Jesús, el Hijo de Dios

Pilato acusa a Jesús de ser Hijo de Dios y querer destruir el sacro templo. Verdaderamente, la vida del Maestro estaba rodeada de misterios.

Tenía comportamientos y sufrimientos humanos, pero sus palabras y sus actitudes eran poco comunes para un hombre. Pilato quedó impresionado con su actitud. Jesús se comportaba como un príncipe en medio del caos. No perdía la dignidad cuando sufría.

Jesús no quería destruir el templo físico, sino transportarlo hacia el interior de las personas. Anhelaba inaugurar el lugar de adoración a Dios en el corazón humano.

Él no declaraba francamente su identidad, pero en algunas oportunidades dijo tener la naturaleza del Hijo de Dios y el estatus del más alto poder del universo. Lo que nos deja asombrados es que, al contrario de lo que acostumbramos hacer, no declaró claramente su identidad cuando estaba en el apogeo de la fama. La reveló en el auge de una derrota, por lo menos aparente, cuando el mundo se desmoronaba sobre Él.

Un espectáculo para todos los malhechores

En la psicología, principalmente en el área de los recursos humanos, se ha hablado mucho del papel de las emociones en el desempeño intelectual y en la formación de la personalidad. Controlar las emociones es más difícil que gobernar un país, más complejo que controlar una gran empresa. El Maestro de la vida fue el más excelente maestro de la emoción. Navegó con suma habilidad en el mar agitado de la soledad, de la incomprensión, del rechazo, de la agresividad, del dolor físico y psicológico.

Jesús era invariablemente cortés con las personas. Nunca exponía los errores de ellas, ni las reprendía públicamente (Mateo 26.25). A pesar de su gentileza única hasta con los más rudos, fue tratado con una aspereza sin precedentes. Pilato lo sentenció a la cruz y dijo que su muerte debía servir como advertencia para los malhechores. ¿Cómo puede el más dócil y amable de los maestros servir de ejemplo para advertir a los hombres a que no cometan crímenes?

Viaje en el túnel del tiempo

Se viajáramos en el túnel del tiempo y estuviéramos presentes en el juicio del Maestro de la vida, probablemente perteneceríamos a uno de esos ocho grupos:

1. Grupo de los fariseos y de los demás hombres del Sanedrín que condenaron a Jesús, que no tenían el coraje de cuestionar sus propias verdades y evaluar si el Hijo de Dios podría estar vestido con la piel de un carpintero.

2. Grupo de los fariseos, representado por Nicodemo, que amaban a Jesús, pero no tuvieron el coraje de defenderlo por miedo a también ser castigados.

3. Grupo de los discípulos, que lo abandonaron y huyeron cuando Él se rehusó a hacer ningún milagro para librarse del juicio.

4. Grupo de los que lo negaron, representado por Pedro que, aunque lo amase intensamente y tuviera más coraje que los demás discípulos, aún era frágil e inseguro. Por eso negó toda la historia vivida con el Maestro cuando lo vio siendo torturado y golpeado.

5. Grupo de la población, que no tenía opinión ni convicciones propias, y por eso fue fácilmente manipulado por los fariseos que estaban en el poder.

6. Grupo de los políticos, representado por Pilato, que lo consideraban inocente pero permitieron su tortura, mandaron azotarlo y, por fin, para agradar a una minoría de líderes, se lavaron las manos para aliviar la traición de su propia conciencia y ordenando crucificarlo.

7. Grupo de soldados manipulado por el sistema religioso y político, que fueron los agentes de su tortura y crucifixión, creyendo que prestaban un servicio a sus líderes.

8. Grupo de las personas que encuentran un nuevo sentido a la vida a través de sus palabras y que lo aman apasionadamente, pero se encontraban del lado de afuera de la casa donde estaba siendo juzgado, esperando ansiosamente el desenlace del juicio.

¿A cuál de esos ochos grupos perteneceríamos? No había nadie al lado de Jesús. Todos sus amigos lo abandonaron. Si estuviéramos allá, ¿lo negaríamos como Pedro? Si muchos de nosotros, que decimos amar profundamente a Jesús, estuviéramos en la casa de Caifás, ¿no nos hubiéramos quedado callados ante aquel clima de terror que rondaba sobre el Maestro de la vida? ¿Estaríamos a su lado cuando Él hacía sus milagros e inteligentes discursos? Y en el momento de la prisión, ¿huiríamos dominados por el miedo?

Si estuviéramos presentes en el juicio de Cristo, probablemente ninguno de nosotros lo defendería. Podríamos admirarlo, pero nos callaríamos, como Nicodemo. Nuestra inteligencia y nuestra capacidad de decisión estarían paralizadas por el miedo. Hoy Jesús es muy famoso y universalmente amado o, por lo menos, admirado. En aquella época, aunque dejase perplejos a todos los que lo oían, su dimensión divina estaba escondida detrás de un simple carpintero.

Hoy es fácil defenderlo. En aquella época, cuando Él decidió no hacer ningún milagro más, y dejar a un lado sus intrigantes discursos, era difícil apoyarlo y decir: «Aquí estoy, aunque todos te abandonen, no te dejaré». En realidad, Pedro afirmó eso pero terminó fallando. A pesar de amarlo intensamente, el más fuerte de los discípulos lo negó. Tal vez haríamos lo mismo. Era más fácil abandonarlo, pero Él nos comprendería.

Los discípulos lloraron mucho durante la noche del juicio de Jesús. Estaban avergonzados y con sentimiento de culpa por haber dejado a su amado Maestro en el momento cuando más necesitaba de ellos. No obstante, Jesús no les exigió nada. Los amó incondicionalmente. Nosotros hacemos grandes exigencias para perdonar a las personas; Él perdonó y amó incondicionalmente.

La única cosa que producía una reacción de intolerancia en el Maestro de la vida era el comportamiento de los fariseos, que se preocupaban con la apariencia exterior y no con el contenido de sus pensamientos y emociones. Aunque no fuera agresivo con ellos, Jesús fue contundente al señalar esa grave falla en su comportamiento.

El peor grupo no era el de los tímidos, como los discípulos; el de los amedrentados, como Pedro; el de los omisos, como algunos fariseos que lo admiraban. El peor era el de los fariseos, especializados en Dios y en la divinidad, pero incapaces de sensibilizarse a las enseñanzas del Maestro, rígidos en su propio mundo. Por eso no analizaron la historia, la vida, las palabras, los gestos del Maestro de la vida y lo juzgaron por su apariencia exterior. Sería el caso de preguntarnos: si estuviésemos allá, con el conocimiento teológico que tenemos hoy: ¿lo honraríamos o nos avergonzaríamos de Él? ¿Lo amaríamos o nos alejaríamos de Él?

A pesar de haber sido abandonado, negado y rechazado, el Maestro de la vida no condenaba a nadie, ni a los fariseos. Quería morir a favor de todos los seres humanos, pero hizo algunas advertencias para expandir nuestra «calidad de vida interior». Veamos una de esas advertencias en una dramática comparación entre los fariseos y los miserables de la sociedad.

Los publicanos y las meretrices precedían a los fariseos

Cierta vez, el Maestro hizo una declaración absurda a los fariseos, algo que jamás pensarían oír. Dijo que los publicanos y las meretrices los precederían en el reino de los cielos.

Reflexionemos acerca de eso. Las meretrices vivían en función de su sexualidad. Sus comportamientos y diálogos no inspiraban la moral ni la espiritualidad. Los publicanos, a su vez, eran recolectores de impuestos, extorsionaban al pueblo, robaban los cofres públicos. Amaban el dinero y no se preocupaban del sufrimiento de las personas bajo el yugo del Imperio Romano. Mientras los fariseos hacían largas oraciones, enseñaban las antiguas Escrituras, contribuían con ofrendas y tenían un comportamiento socialmente adecuado.

Cualquiera que juzgase a esas personas, por más liberal y humanista que fuera, aprobaría a los fariseos y pondría a las meretrices y los publicanos en último plano. Nadie tendría el coraje de decir lo que Jesús afirmó. Parecía un absurdo que las prostitutas y los corruptos recolectores de impuestos pudieran ser aprobados por Dios, y los religiosos de Israel, desaprobados.

En el Evangelio de Mateo, Jesús dijo varias veces que su Padre tenía la capacidad de investigar el alma humana, y ver lo que estaba escondido. Veía lo que los psicólogos y los psiquiatras no logran ver. Penetraba directamente en el mundo interior de las personas.

A los ojos del Maestro de Nazaret, los fariseos aparentaban una ética insuperable, pero por dentro, sus intenciones y sus pensamientos eran reprobables.

El maquillaje espiritual y ético de los fariseos no convencía al Autor de la vida, no engañaba al arquitecto del espíritu y del alma humana. ¿Quién es capaz de hablar del interior de los seres humanos, sino aquel que los tejió?

¿Dónde estaba la superioridad de las meretrices y de los publicanos en relación a los fariseos? En los sentimientos ocultos en el corazón. Los fariseos eran orgullosos, arrogantes, autosuficientes, no necesitaban de un maestro para reparar los pilares de sus vidas, y por eso expulsaron drásticamente a aquel que decía ser el Hijo del Altísimo.

Por otro lado, las prostitutas y los publicanos reconocieron sus errores, injusticias y fragilidades, y por eso amaron intensamente a Jesús. No pocos de ellos lloraron de gratitud por la acogida cariñosa que les dio el Maestro de la vida. Aquel que creó los seres humanos y los amó a todos, pero solo logró tratar a los que admitían estar enfermos, a los que tuvieron el coraje de aproximarse a Él, aunque con lágrimas.

En los días actuales valoramos mucho más la estética que el contenido. Empeoramos en comparación con la época del Maestro de Nazaret. Es fácil criticar los errores de los demás, señalar la arrogancia de Caifás y la violencia de los hombres del Sanedrín. Pero necesitamos preguntarnos: ¿Será que también nos hemos escondido detrás de una apariencia de ética y moral? ¿Será que no percibimos cuánto estamos saturados de orgullo y arrogancia? Somos especialistas en detectar los defectos de los demás, pero pésimos para ver los nuestros.

Cuando proclamamos: «Mi conocimiento teológico es mejor que el de los otros», «Mi moral es más elevada que la de ellos», ¿será que Aquel que ve lo que está oculto se agrada de esos comportamientos?

Tal vez algunos miserables de nuestra sociedad, aquellos a quienes fácilmente señalamos con el dedo, tengan un corazón mejor que el nuestro.

Con principios más sabios que aquellos presentados por sociólogos e ideólogos políticos, Jesús reguló las relaciones sociales. Dijo que, con el mismo criterio que juzgamos a los demás, seremos juzgados. Si tratamos con tolerancia y comprensión, el Autor de la vida nos comprenderá y nos tratará con tolerancia. Y va más lejos, al decir la célebre frase: «Como queréis que los hombres os hagan, así hacedlo también a ellos». Si queremos comprensión, respeto, gentileza, solidaridad, debemos aprender a ser comprensivos, respetuosos, gentiles y solidarios.

Los que utilizan la tolerancia comprenden sus propias limitaciones y, por conocerlas, miran con más compasión las fragilidades de los demás. La comprensión, la tolerancia y la solidaridad son atributos de los fuertes; la arrogancia y la rigidez, de los débiles. Si prestamos atención a aquellos que critican continuamente a las personas que los rodean, veremos que son extranjeros en su propio mundo, nunca penetraron en los rincones más íntimos de su propio ser. Las personas que no se conocen son especialistas en señalar con el dedo acusador a los demás.

Si los principios establecidos por el Maestro de la escuela de la vida fueran practicados por nuestra especie, los ejércitos estarían extintos, la agresividad se detendría y los soldados estarían desempleados. Sin embargo, necesitamos cada vez más de soldados y penitenciarías. Está claro que hay algo equivocado.

El hombre que no es juez de sí mismo, nunca está apto para juzgar el comportamiento de los demás. Los fariseos de la época de Jesús no tenían capacidad para juzgarlo, pues no lograban juzgarse a sí mismos. Ellos lo trataron como el más vil criminal. Su juicio reveló la miseria que estaba en el interior de los hombres del Sanedrín. Por fuera eran éticos, pero cuando se sintieron amenazados abandonaron la imparcialidad, la justicia y la serenidad. No tuvieron en cuenta la encantadora historia del Maestro de las emociones.

¿Qué secretos se escondían en lo íntimo del Maestro de la vida para que derramara su alma en la muerte? Necesitamos penetrar algunos de esos secretos para entender qué fue lo que lo llevó a morir por la humanidad. ¡Veamos el plan más ambicioso de la historia!

10 | El plan más osado de la historia

La psicología y las ciencias de la educación

Si los cursos de psicología hicieran un estudio serio y profundo acerca de la personalidad de Jesús, los nuevos psicólogos tendrían un gran recurso para comprender los trastornos emocionales así como los mecanismos para capacitar las emociones de los pacientes y tornarlos saludables. Como Maestro de la escuela de la vida, Jesús lograba abrir las ventanas de la mente y contemplar lo bello en momentos cuando sufría el riesgo de ser controlado por la ansiedad, tener la inteligencia paralizada, y reaccionar por instinto. La psicología aún es una ciencia frágil en cuanto al proceso de investigación del funcionamiento de la mente. Ella necesita descubrir a Jesucristo.

Las ciencias de la educación también necesitan descubrirlo. La psicopedagogía de Cristo no encuentra precedente. Como narrador de historias, tenía una manera de hablar tan cautivante que encantaba a las personas. El tono de la voz, el modo de mirar, la economía de energía en el discurso, la autoridad en las palabras, la exposición en forma de diálogo, la versatilidad y la creatividad que utilizaba en la comunicación interpersonal, hacían de su pedagogía un verdadero arte de enseñar. Si las universidades adoptasen la psicopedagogía del Maestro de maestros, los nuevos profesores revolucionarían el precario sistema educacional de las sociedades modernas.

Me siento limitado para describir la grandeza y los misterios que rodean la mente de Jesucristo. A partir de cada frase que profirió podríamos escribir un libro. De cada silencio, un poema. De cada control de emociones, un principio de vida. Sinceramente, los recursos lingüísticos son muy limitados para describirlo.

El Maestro de la vida no tenía impulsos suicidas

Me gustaría, en este momento, hacer un cuestionamiento muy serio acerca de los motivos que llevaron a una persona con una inteligencia tan espectacular como la de Jesús, a entregarse a lo sumo del sufrimiento. Él tenía condiciones para evitar su juicio y su crucifixión, pero no lo hizo.

Nadie amaba la vida como Él. Sentía placer en convivir con las personas. Observaba lo bello en los pequeños acontecimientos en los que participaba. Le gustaban los niños y dialogar con todas las personas. Cualquiera que se le acercase se volvía fácilmente su amigo. Sentía placer creando lazos de amistad hasta con los leprosos deformados que olían mal. No había en Él rechazo por la vida, ni ideas o impulsos suicidas. No obstante, se dejó matar. ¿Por qué?

Si no tenía inclinación al suicidio, ¿por qué no hizo nada para evitar su sufrimiento y su muerte? Millones de personas dirían que Jesús sufrió y murió para perdonar a los seres humanos. Pero, ¿no habría miles de otras formas de perdonarnos?

Un gran problema en cualquier forma de investigación es que, por no lograr convivir con la ansiedad producida por las preguntas y las dudas, somos rápidos y superficiales en nuestras respuestas. Pero es necesario preguntar: Si Dios es tan inteligente, ¿no podía haber elaborado un plan que exigiese menos de sí mismo? ¿Por qué hizo lo inconcebible, entregando a su único Hijo para morir por la humanidad? ¿Qué amor es ese que excede todo entendimiento y que destruye la lógica?

Me gustaría investigar no solo las intenciones subyacentes del hombre Jesús, sino algunas áreas de la mente de Dios descritas en las Escrituras, para comprender qué estaba detrás del escenario del juicio que analizamos aquí. Jesús era un hombre puro, pero al mismo tiempo se presentaba como el Hijo de Dios. Era hombre y era Dios. Tuvo actitudes, comportamientos y sentimientos humanos, pero las causas que lo motivaban no eran humanas.

No será posible comprender las últimas veinticuatro horas del hombre Jesús, sin comprender los pensamientos de Dios. Con todo, es necesario que el lector tenga conciencia de que, todas las veces que entro en ese tema, no estoy reflexionando acerca de religión, sino en cuanto a temas complejos ocultos en los textos de las biografías de Cristo y en los demás libros del Antiguo y del Nuevo Testamento.

Cómo cuestionar la existencia de Dios

Buscaré abordar un tema muy complejo que perturbó y aún perturba la mente de muchos teólogos, filósofos, pensadores y hombres de todas las culturas y razas. Un tema que también me quitó, durante años, la tranquilidad. Uno sobre el cual muchas veces no tenemos el coraje de hablar, que queda reprimido en nuestra alma, que rara vez verbalizamos, pero que mina nuestras convicciones. Cuestionaré la existencia de Dios, desde la perspectiva de su intervención en los acontecimientos de la humanidad.

Mirando todo lo que Jesús pasó, tenemos que cuestionar: ¿Por qué hizo un sacrificio tan grande? ¿Quién se animaría a hacer lo que Él hizo? ¿Qué motivó a alguien que habló incansablemente sobre la vida eterna, a preferir la muerte más vergonzosa? No podemos temer usar nuestra inteligencia para indagar: Si Dios es tan creativo, ¿por qué preparó una solución tan angustiante para rescatar a la humanidad?

Al reflexionar sobre las lágrimas, el desespero, la aflicción y las injusticias que macularon los principales capítulos de la historia de la humanidad, y que ocuparon una parte central del escenario de nuestras vidas, tenemos que cuestionar: ¿Quién es Dios? ¿Dónde está Dios? ¿Cuáles son las características básicas de su personalidad? ¿Qué mueve sus sentimientos? Al hacer este cuestionamiento, podemos llegar a tres hipótesis: 1) Dios no existe, es una creación de la mente; 2) Dios existe, pero abandonó la humanidad, por considerarla un proyecto fallido; 3) Dios existe y trazó un proyecto inimaginable para rescatar a la humanidad.

Primera hipótesis:
Dios no existe, es una creación de la mente

No sé si el lector ya cuestionó la existencia de Dios. Yo ya indagué intensamente. Al mirar las miserias humanas, las injusticias sociales y la historia de la humanidad podemos preguntar si hay un Dios en el universo, o si es solamente fruto de la imaginación de los hombres. Analicemos.

A pesar de haber alimentos en abundancia para nutrir a todos los habitantes de la tierra, el hambre destruye innumerables vidas. Si Dios existe, ¿por qué no interviene en las discusiones políticas que financian nuestro egoísmo y no extirpa el hambre?

Las madres ven a sus hijos muriendo lentamente de desnutrición y, también abatidas por el hambre, no tienen lágrimas ni para llorar la muerte de sus pequeños. ¿Dónde está Dios?

Todos los días mueren niños con cáncer. Apenas comenzaron a jugar y ya cerraron los ojos para siempre. ¿Dónde está el Creador? Si existe, ¿por qué no interviene en el sufrimiento? Muchos preguntan: ¿Será que es porque no existe o porque desistió de nosotros? No hay cómo dejar de examinar esa cuestión, y aun así, mantener el respeto que ella se merece.

Recuerdo una paciente que entró en depresión después de la muerte de su hija. Su pequeña niña de siete años tuvo un cáncer incurable. La madre quedó destrozada. En su última crisis, la niña tuvo una actitud inesperada. Sabiendo que se acercaba la hora de su muerte, pidió que la madre saliese de la habitación. No quería que ella sufriera. ¿Pueden ustedes imaginar una niña buscando evitar que la madre sufriera a causa de su muerte? La niña estaba en los instantes finales de la vida y deseaba ansiosamente la compañía de la madre, pero quiso protegerla y se quedó sola con el médico. La madre nunca más sintió latir el corazón de su hija, nunca más oyó su voz. Entre las dos permanecerá un silencio inaceptable. Si el Creador existe, ¿por qué sus criaturas sufren tanto?

Las lágrimas de los padres siempre irrigaron la historia. Ellos cuidan cariñosamente a sus hijos, se dedican a ellos, los acarician, alimentan, se preocupan por sus comportamientos, sueñan con su futuro. Viven para los hijos, pero no quieren estar vivos para verlos morir. Desean ardientemente que sus ojos se cierren antes que los de ellos. Y, no obstante,

¡cuántos padres son obligados a asistir a la muerte de sus hijos por exceso de drogas, por enfermedades, por accidentes o por las guerras! El cuestionamiento es inevitable: si hay un Dios que es Autor de la existencia, ¿por qué no paraliza las lágrimas de las personas y alivia sus dolores?

Observen las enfermedades de la emoción. Los portadores de depresión viven en el último nivel del dolor humano, pierden el placer de vivir, quedan desmotivados, sienten una fatiga excesiva, tienen insomnio o duermen demasiado. En vez de ser comprendidos, son calificados de débiles. Las características de su personalidad, aunque nobles, son exageradas: se castigan mucho cuando yerran, se preocupan excesivamente por el dolor de los demás, anticipan demasiado los sucesos del mañana. Sin embargo, no pocas veces la reacción a su sufrimiento es el desprecio de la sociedad y de los familiares. Algunos intelectuales piensan: Si Dios creó el interior de las personas, ¿por qué no calma la emoción y detiene el dolor de los que sufren en lo íntimo del alma?

Vean las injusticias sociales. El ser humano siempre practicó la discriminación. La delgada capa del color de la piel negra o blanca, ha servido de parámetro para separar a seres de la misma especie. ¿Cuántas veces en la historia, hombres esclavizaron a hombres, impidieron sus derechos fundamentales y los transformaron en mercancía? Algunos cuestionan: ¿Será que a Dios nunca le importó las cadenas de los esclavos y la humillación que sufren al volverse objetos de mercantilismo?

La vida es muy larga para equivocarse, pero muy breve para ser vivida. Si reflexionásemos filosóficamente acerca de la brevedad de la vida, esa reflexión estimularía la sabiduría y el amor por los derechos humanos. Comprenderíamos que la distancia entre la niñez y la vejez es de solo algunos instantes. Pero despreciamos la sabiduría.

La sabiduría siempre fue atributo de pocos, muchas veces clasificados de «retraídos» por haberse desviado del sistema. Por desprecio a la sabiduría, se mató, se hirió, se esclavizó, se estupró, se discriminó. Si hay un Dios Todopoderoso que asiste todos los días a las locuras humanas, ¿por qué no interviene en la humanidad y hace justicia rápidamente? ¿Por qué permitió que Jesús, la persona más dócil que vivió en la tierra muriese de forma tan violenta?

Algunos aun argumentan que Dios no existe porque nunca lo vieron, nunca lo percibieron con sus sentidos, nunca presenciaron ni uno de sus milagros. Si consideramos todas las miserias humanas y la «aparente» falta de intervención de Dios en esas miserias, la primera hipótesis que viene a la mente de muchos, es que Dios es una invención espectacular del cerebro humano. Él no existe, por eso no interviene.

En esa hipótesis, la sofisticación del cerebro habría construido la fantástica idea de la existencia de Dios por al menos dos grandes motivos. Primero, porque haría más soportables las dificultades de la vida. Segundo, para alimentar la esperanza en la eternidad. Muchos hombres y mujeres a lo largo de los siglos, entraron en gran conflicto existencial preguntándose: ¿Será que Dios es solo fruto de nuestra imaginación, o será que es la mayor verdad del universo?

Ahora buscaré probar que Dios existe. Él es real e hizo y hace mucho más por nosotros de lo que imaginamos. Las características de su personalidad son bien definidas y necesitan ser conocidas, caso contrario, jamás lo entenderemos. Me gustaría defender la tesis de que Dios no es una invención del cerebro humano. Dentro de las criaturas hay fenómenos que prueban la existencia de un Creador. En mi opinión, mientras más avanza la ciencia para explicar el mundo dentro y fuera de nosotros, más se encuentra con vacíos y paradojas, que solo la existencia de Dios puede explicar.

Dios no es una invención del intelecto

Cuestionar la existencia de Dios es oportuno, pues sabemos que la ciencia se está acercando cada vez más a la espiritualidad. El ateísmo, tan de moda en la primera mitad del siglo XX, comenzó a caer en las últimas décadas. En el siglo XXI, la sed por descubrir quién es el Autor de la vida solo aumentará. Uno de los motivos que promueven esa búsqueda es el vacío dejado por la ciencia. Nunca la ciencia avanzó tanto y nunca las personas estuvieron tan expuestas a los trastornos emocionales, estuvieron tan vacías y sin motivación en la vida.

El mundo moderno estimula excesivamente la emoción humana, pero no produce emociones estables y ricas. Por eso, muchos científicos creen que detrás del mundo físico hay un autor de la existencia que explica sus paradojas.

Para algunos de ellos, el mundo físico «matematizable» —que puede ser explicado y medido por la matemática— tiene muchos momentos inexplicables que sobrepasan los límites de la lógica. Diversos científicos afirman que la teoría cuántica de la física concibe la idea de que hay un Dios en el universo, una conciencia cósmica, una causalidad descendente.

Los físicos tienen sus razones para creer en Dios. En mi opinión, si los investigadores de la psicología conociesen con más detalles el campo de la energía psíquica y el proceso de construcción de pensamientos, tendrían aun más motivos. Las mayores evidencias de que hay un Dios en el universo no están en el universo físico, sino en el alma humana.

En dos períodos de mi vida rechacé la idea de la existencia de Dios. Creía que buscarlo era perder tiempo con lo imaginario. Pero al investigar los fenómenos que construyen las cadenas de pensamientos, me quedé asombrado. Encontré muchas evidencias claras de que en el proceso de construcción de la inteligencia, hay diversos fenómenos que sobrepasan los límites de la lógica, tales como la gobernabilidad del pensamiento, el fenómeno de la psicoadaptación y el fenómeno del autoflujo.[8] Tales fenómenos solo pueden haber sido concebidos por un Creador.

Nosotros los que investigamos ciertas áreas de la ciencia, amamos la lógica, apreciamos controlar nuestros experimentos y los fenómenos que observamos. Buscamos producir conocimiento teorizando, midiendo, probando y previendo. Sin embargo, verificamos que en el proceso de construcción de los pensamientos hay un sistema de encadenamiento distorsionado, que produce minúsculas diferencias en la forma de pensar y de sentir a cada momento. El investigador busca controlar el mundo que investiga, pero su propia construcción de los pensamientos tiene fenómenos incontrolables. ¿Quién gobierna totalmente su psique?

No solamente dos investigadores, delante de un mismo fenómeno, producen conocimientos micro o macrodistintos, sino que un mismo investigador produce conocimientos distintos de un mismo fenómeno observado en dos momentos diferentes. ¿Por qué? ¡Porque nunca somos los mismos!

Las variables que están en el escenario de nuestras mentes y que respaldan la interpretación —tales como la lectura de memoria, el estado emocional, la motivación, el nivel de estrés— nos tornan distintos a cada momento. Producimos la lógica de la matemática y de la física, pero nuestra inteligencia es tan espectacular que no cabe dentro de un mundo lógico. ¿Quién la tejió? ¡Un fantástico Creador!

El territorio de la emoción escapa al control lógico científico. En un instante podemos estar alegres y en el otro, aprensivos; en un momento tranquilos y en el otro, ansiosos. ¿Qué clase de energía constituye

[8] Cury, Augusto J., *Inteligência Multifocal*, Cultrix, São Paulo, Brasil, 1998.

nuestras emociones y las hace cambiar de naturaleza en una fracción de segundos?

A veces, delante de un pequeño problema reaccionamos con gran ansiedad, y delante de un problema serio con tranquilidad. La matemática de la emoción rompe con los parámetros de la matemática numérica, lo que nos vuelve a veces bellos y sabios, otras veces nos hace imprevisibles y complicados. La energía emocional tan creativa, libre e imprevisible, ¿puede ser fruto solo del metabolismo cerebral? ¡No! El metabolismo cerebral es demasiado lógico para explicar el mundo emocional y el sistema de encadenamiento distorsionado en el proceso de construcción de los pensamientos. ¿Quién confeccionó la energía psíquica?

La teoría de la evolución de Darwin, apoyada en las mutaciones y en la variabilidad genética, puede explicar la adaptación de las especies ante las intemperies del medio ambiente, pero no justifica los procesos ilógicos que ocurren entre los bastidores del alma humana. Es demasiado sencilla para explicar la fuente que produce el mundo de las ideas y de las emociones. El alma humana necesita de Dios para explicarla.

No solamente un padre produce reacciones distintas ante un mismo comportamiento de un hijo en dos momentos distintos, sino también los médicos y los odontólogos producen conocimientos distintos, aunque no lo perciban, ante los mismos fenómenos que observan.

¿Son malos tales procesos ilógicos? De ningún modo. Ellos generan la intuición y producen los brincos creativos, la inspiración, lo bello, las nuevas ideas que los científicos no saben explicar cómo surgieron. Einstein dijo cierta vez que no comprendía de dónde vinieron las inspiraciones que contribuyeron al descubrimiento de la teoría de la relatividad. Si la mente humana fuera lógica, el mundo intelectual sería rígido y no habríamos inventado la rueda ni la escritura. No existiría escritor ni lector.

Vuelvo a afirmar que nunca hay un mismo observador analizando un mismo objeto. No solo el observador cambió, sino que también el objeto cambió, pues nada en el universo es estable. Todo en el mundo físico pasa continuamente por un proceso de organización, caos y reorganización, produciendo un bellísimo flujo doble entre materia y energía. Del mismo modo, en el mundo psíquico, cada pensamiento producido en el campo de la energía psíquica pasa por el caos y se organiza en nuevos pensamientos. ¡Solo un Autor magnífico podría concebir nuestro intelecto!

Observe el mundo de las ideas y la confección de las cadenas de pensamientos. El mundo físico es regido por leyes que gobiernan los fenómenos y las relaciones, produciendo límites. No podemos tirar un objeto hacia arriba y esperar que la tierra vaya hasta él. Él viene hasta la tierra porque es atraído por su fuerza gravitacional. La ley de la gravedad lo controla.

No podemos transformar un átomo en una molécula, ni un electrón en un átomo. Pero en el mundo de las ideas no existen tales limitaciones. Podemos pensar en lo que queremos, cuando queremos y como queremos. Construimos los pensamientos con increíble plasticidad y libertad creativa. Puedo transformar un gran pensamiento en una pequeña idea. Puedo pensar en el mañana y viajar al pasado, siendo que el mañana no existe y el pasado no regresa. ¿Cómo podemos realizar esas hazañas? ¿Qué clase de energía constituye el mundo de los pensamientos y lo hace tan libre? ¡Una energía metafísica!

Tengo mucho que hablar acerca de ese tema, pues lo he estudiado por muchos años, pero no es ese el objetivo de este libro. Solo quiero concluir que los fenómenos que construyen la inteligencia me convencieron de que Dios dejó de ser una hipótesis remota y pasó a ser una realidad.

Hay un campo de energía en el interior del ser humano que podemos llamar alma y espíritu, y que no puede ser extirpado solo por la lógica del cerebro, por la lógica de la física y mucho menos por la lógica de la matemática. El alma humana no es química. La «idea de Dios» no es una invención de un cerebro evolucionado que resiste a su fin existencial. Hay algo en nosotros que coexiste e interfiere íntimamente con el cerebro, pero que sobrepasa sus límites. Algo que llamamos alma, psique y espíritu humano. Algo que clama por la continuidad de la vida, incluso cuando se piensa en el suicidio, algo que clama por la inmortalidad.

En un análisis que he hecho acerca de la personalidad de Freud, verifiqué que el padre del psicoanálisis buscaba inconscientemente la eternidad, a pesar de haber sido un judío ateo. ¡El amor atropelló al pensador! El amor intenso de Freud por uno de sus nietos que se estaba muriendo lentamente de tuberculosis miliar estremeció sus bases. Al verlo morir sin tener condiciones para rescatar su vida, Freud escribió una carta a dos amigos que testificaron de su depresión, constatando que su estado emocional representaba una dramática reacción inconsciente ante el fin de la existencia.

El caos emocional de ese ilustre pensador demuestra que la vida posee hechos inesperados y variantes incontrolables, y revela que no hay gigantes en el territorio de la emoción, que todos somos eternos aprendices en esta corta y sinuosa existencia. Ver las flores de la primavera en un ambiente donde el invierno quitó las hojas de todas las plantas, como hacía el Maestro de la vida, es nuestro mayor desafío.

Hay en el alma humana innumerables detalles que revelan la existencia de un fantástico arquitecto de la vida. Además de eso, el análisis de la personalidad de Jesucristo abrió las ventanas de mi mente y me hizo ver la existencia de forma totalmente diferente. Nadie sería capaz de crear una personalidad como la de Él. El Maestro de maestros llegó al límite de la sabiduría, a la cúspide de la tranquilidad, al máximo de la serenidad, en un ambiente donde imperaban las más dramáticas violencias físicas y psicológicas. ¿Quién en la historia fue como él?

Segunda hipótesis: Dios existe, pero abandonó la humanidad, por considerarla un proyecto fallido

En esta hipótesis, Dios existe, pero algunos creen que la humanidad es una creación de Dios que no tuvo éxito. Todas las injusticias y dolores humanos se perpetúan porque el Creador consideró la humanidad como un laboratorio imperfecto.

Para ellos, el Autor de la vida se hartó de los asesinatos, las discriminaciones, la intolerancia, la agresividad que practicamos a diario. Percibió que los seres humanos, a pesar de producir ciencia, cultura, generar tratados de derechos humanos, no logran librarse de sus miserias e injusticias.

Los homicidios, estupros, discriminaciones, guerras incontables, crisis de diálogo, hambre, desigualdades sociales están en todos los capítulos de nuestra historia. La humanidad es una experiencia de la cual el Creador desistió. El ser humano es excesivamente corrupto y destituido de afecto. Gobierna el mundo exterior, pero no se controla a sí mismo, por eso no alcanza a construir un mundo social justo, afectivo e irrigado de solidaridad.

Los que creen en esa hipótesis creen que Dios nos abandonó a la suerte en este planeta azul que más destruimos que conservamos. Hundidos en el universo, establecemos religiones buscando encontrar el eslabón perdido entre la criatura y el Creador. No obstante, Él se olvidó de esta bella y frágil especie.

En esta hipótesis, el Autor de la vida no nos destruyó, pero hizo que nuestros días se encerrasen en unos pocos años de existencia. Después de la muerte, termina el espectáculo de la vida. En ese caso, el sueño de la inmortalidad del alma sería solo un bellísimo delirio religioso, pues la muerte nos haría enfrentar la «nada», el «silencio eterno», el «caos de la existencia», la pérdida irreparable de la conciencia. Con la muerte del cerebro, los billones de experiencias de la vida, que forman los detalles de la identidad de la personalidad, se volverían irrecuperables.

Los que defienden esa tesis no perciben las consecuencias psicológicas y sociales. Los hijos nunca más oirían la voz de los padres, los padres nunca más se reencontrarían con sus hijos, los amigos se separarían para siempre. Todo aquello por lo cual luchamos y nos dedicamos a lo largo de la vida sería en vano, pues, con el último latido del corazón, profundizaríamos en la más dramática soledad de la inconsciencia existencial: nunca más sabríamos quiénes somos, lo que fuimos y quiénes fueron las personas que amamos y con quién convivimos.

Tercera hipótesis: Dios existe y trazó un proyecto inimaginable para rescatar a la humanidad

De acuerdo a esa tesis, Dios existe y creó a las criaturas a su imagen y semejanza y las puso en la burbuja del tiempo, dándoles plena libertad para actuar de acuerdo con su conciencia. En esa hipótesis, Dios creó al ser humano de forma tan elevada que respeta las decisiones humanas. Él nos dio el libre albedrío para escribir nuestra propia historia. No creó robots, sino seres que piensan, deciden y son capaces no tan solo de actuar según su conciencia sino de amar y rechazar al propio Dios. Esa tesis revela que el Autor de la vida es grande en poder y todavía mayor en dignidad, pues solamente alguien con tamaña grandeza puede tener el coraje de dejar que los demás lo rechacen.

En esa tercera hipótesis, Dios sabe de todas las injusticias, de todos los sufrimientos, de todas las muertes de los pequeños niños, de los sufrimientos de los padres, de los seres esclavizados, de los injuriados, de los miserables. Restaurará la vida, devolverá la identidad a los mortales, reorganizará la personalidad de los niños arrebatados por las enfermedades, aliviará todo dolor, enjugará toda lágrima, y la muerte no existirá nunca más (Apocalipsis 21.4).

Podemos preguntarnos: Pero, si el tiempo de nuestras vidas es largo, ¿por qué Dios no detiene luego los dolores humanos? Para nosotros, el tiempo está atrasado; para Él, no. Nosotros vivimos en el paréntesis del tiempo, Él vive fuera de los límites del tiempo. ¡El tiempo no existe para el Eterno!

La tercera hipótesis es descrita en los cuatro evangelios como la mayor de las verdades. Y es acerca de ella que voy a reflexionar en seguida. En ella está trazado un plan para rescatar a los seres humanos. Si no comprendemos ese plan, podemos considerar que el juicio y la muerte de Jesús fueron actitudes suicidas. Solo ese plan justifica la acción de Jesús de revelar que posee un poder que ningún ser humano jamás tuvo y, al mismo tiempo, dejarse matar sin ninguna resistencia. Solamente un plan fascinante puede explicar por qué el Maestro de la vida se dispuso a pasar por los niveles más indignos del dolor físico y emocional. Si tomamos cualquier parámetro, sea el filosófico, psicológico, sociológico, psicopedagógico o teológico, constataremos que su plan es el más espectacular de la historia. Veamos.

Mientras se va desarrollando su conciencia, todo ser humano desea saber cuál es el significado de la vida. Buscamos ese significado en los diplomas, en las riquezas, en los proyectos filantrópicos, en el bienestar social. Como nómadas en esta compleja existencia, frecuentemente indagamos: ¿Quiénes somos? ¿Por qué existimos? Con todo, no pocas veces, cuanto más buscamos nuestras respuestas, más expandimos nuestras dudas.

El ser humano es una pregunta que por decenas de años busca una respuesta. Aquellos que no se perturban delante de los misterios de la vida, o están entorpecidos por el sistema social, o nunca usaron con profundidad el arte de pensar. Trabajamos, amamos, planeamos el futuro, pero no percibimos que somos minúsculos puntos insertados en el espacio.

Mire la luna e imagínese pisando su suelo. Perciba cuán pequeños somos. Tenemos la idea de que somos los dueños del mundo. ¡Tremendo error! No somos dueños de nada, ni de la vida que está en nuestras células. No entendemos casi nada. En cualquier área, la ciencia produjo conocimiento para solo cinco o seis preguntas en secuencia. La ciencia es útil, pero el conocimiento que poseemos puede volverse un velo que cubre nuestra ignorancia.

Analicemos por ejemplo la química. Conocemos la materia, las moléculas, los átomos, las partículas subatómicas, las ondas electromagnéticas. Y ¿qué conocemos además de eso? Muy poco, aunque exista otra escala infinita de acontecimientos. La ciencia es inagotable, y mal arañamos la tinta de la gran casa del conocimiento. Limitados al tiempo y al espacio, queremos entender el mundo, y mal sabemos explicar quiénes somos.

Hubo un hombre que veía el mundo más allá del tiempo y del espacio. Era de estatura mediana como cualquiera de nosotros, pero en aquel hombre estaba concentrada la fuerza creadora del universo y de todo lo que tiene vida, de toda energía cósmica. Ese hombre fue Jesucristo, el Maestro de maestros.

Un día, cuando los fariseos debatían con el Maestro, Él dijo algo que nadie en plena sanidad mental tendría el coraje de decir. Afirmó que sabía de dónde había venido y para dónde iba (Juan 8.14). Ninguno de nosotros sabe de dónde vino y para dónde va, excepto el que use la fe. La fe es la ausencia de duda. Pero si utilizamos exclusivamente la razón, nos vemos obligados a confesar que la duda es la más íntima compañera de nuestra existencia. No debemos admirar en demasía a los intelectuales, pues ellos son como todos nosotros: «preguntas vivas» que divagan por esta misteriosa y momentánea existencia.

¿Cómo podía Jesucristo afirmar que sabía de dónde había venido y para dónde iba? Son impresionantes las paradojas que lo rodeaban. Al mismo tiempo que preveía su muerte, afirmaba que ya existía antes de esta corta existencia, y que después de ella seguiría existiendo. Al ser arrestado, todos sus amigos lo abandonaron. Al ser crucificado, sus amigos y enemigos pensaron que se había zambullido en el caos de la muerte. Pero, al contrario de la lógica, Él sabía para dónde iba. Declaraba que iba hacia más allá de una tumba cerrada, oscura y húmeda.

Somos exclusivistas; Jesús deseaba incluir. Su misión era sorprendente. Él no vino para inaugurar una nueva escuela de dogmas e ideas. Su plan era infinitamente mayor. Vino para introducir al ser humano en la eternidad, traerlo de regreso al Autor de la vida y darle de su Espíritu. ¿Cómo lo haría? Intentemos entender paso a paso.

Si hay libros misteriosos, llenos de palabras y de situaciones enigmáticas, son los evangelios. En los textos de esos libros existe la clara demostración de que el nacimiento, el crecimiento, el anonimato, la carrera y la misión de Jesús fueron totalmente planeados.

Nada ocurrió por casualidad. Ese planeamiento queda obvio en el texto donde Mateo describe al precursor de Jesús, aquel a quien se le encargó presentarlo al mundo (Mateo 3.4). El evangelista dice que Juan el Bautista vino a propósito como un hombre extraño, con ropas, alimentación y vivienda raras. Juan vestía piel de camello, comía langostas y miel silvestre y vivía en el desierto. Nada más raro. Convengamos que ningún heraldo de un rey tendría tal comportamiento.

Jesús les preguntó a los fariseos acerca de su predecesor: «¿Qué esperaban? ¿Un hombre con trajes finos?» y seguía afirmando que los que tienen trajes finos habitan en los palacios, mientras que Él y Juan el Bautista optaron por una vida sin privilegios sociales. Era modesto por fuera, pero rico por dentro.

El autor de la vida no quería que las personas se postraran a sus pies por su poder, sino por su amor. Los seres humanos siempre se dejaron fascinar más por el poder económico y político que por el amor. Pero Jesús, que podría tener el mundo a sus pies si usaba su poder, prefirió ser amado a ser temido. Por increíble que parezca, el Todopoderoso vino a procurar amigos, y no esclavos, por eso vino personalmente a convivir con las personas más diferentes. ¿Cuántos de nosotros, al conquistar más poder, perdemos los amigos?

Según los textos de los evangelios, Dios tiene plena conciencia de todas las necesidades humanas. Cada dolor, angustia o aflicción toca sus emociones. Él nunca fue indiferente al llanto de los padres que perdieron sus hijos. Está presente en cada lágrima derramada, en cada momento de desesperación. Penetra en todos sus momentos de soledad y de incredulidad en la vida.

Cierta vez, al ver a una viuda de la ciudad de Naín que perdió a su único hijo, Jesús fue profundamente sensible (Lucas 7.11). Ella no necesitó decirle nada acerca de su soledad. Él quedó tan conmovido con su dolor, que hizo un milagro sin que ella se lo pidiera.

A pesar de saber todas las cosas, Dios no interviene en la humanidad de la forma como nos gustaría y como Él desearía intervenir. En caso contrario, violaría sus propios principios. Transgrediría la libertad que da a los seres humanos de seguir su destino en la pequeña burbuja del tiempo.

Observen el comportamiento de Jesús mientras caminaba por Judea y Galilea. Él no presionaba a nadie a seguirlo, ni Él mismo usaba sus milagros para sojuzgar a nadie. Solamente eso explica por qué no impidió que Pedro lo negara, ni que Judas lo traicionara. Comunicó lo que iba a suceder y no hizo nada para cambiar la disposición de los dos. Nunca alguien honró tanto la libertad humana. Hablamos de libertad en los tratados de derecho y de filosofía, pero poco sabemos acerca de ella.

Dios no podría dar a aquellos que creó a su imagen y semejanza, menos libertad de la que se da a sí mismo. El Autor de la vida siempre respetó la libertad de sus criaturas porque siempre respetó la de Él.

A veces, las personas andan por caminos desconocidos, por trayectorias accidentadas. Esas trayectorias producen la necesidad de miles de diálogos entre ellas y Dios y, por fin, tal comunicación, en forma de oración y de meditación, se vuelve una relación íntima y afectiva entre Dios y el ser humano. El Maestro de la vida soportó todo su sacrificio para generar personas libres y felices, y no máquinas humanas controladas por Él.

Un día, los niños que murieron en la más temprana niñez conquistarán una personalidad: forjarán ideas, sentirán, decidirán, tendrán una historia. Jesús mismo dijo que el reino de los cielos era de los niños, refiriéndose no solo a los de poca edad, sino también a las personas que no se diploman en la vida, que no se contaminan con la autosuficiencia, ni se consideran listas (Mateo 18.3).

Por un lado, los hombres lo juzgaron y lo odiaron injustamente; por otro, Él planeó cada paso de su juicio y su muerte. Con tremenda precisión, trazó todos los movimientos de su vida. Por increíble que parezca, nada escapó a su control. Le dijo claramente a Pilato que había venido a la tierra con un propósito específico. Era un maestro, el Maestro de la vida. Mientras trazaba su plan, perfeccionaba las emociones de los que lo rodeaban y les enseñaba a vivir.

Toda persona que quiere brillar en su historia, necesita ser emprendedora, creativa, tener una dosis de osadía y poseer metas bien elaboradas. La creatividad y la osadía de Jesús para cumplir sus metas eran fascinantes. Planeó morir por la humanidad de una forma específica y en un tiempo determinado. Amó apasionadamente a una especie que poco conocía del lenguaje del amor.

A los ojos de los filósofos, de los pensadores humanistas, de los investigadores sociales y hasta del sentido común, la muerte de Jesús es incomprensible. Pero, si salimos de la burbuja del tiempo, del sistema social en que vivimos y de las preocupaciones por la existencia que llenan nuestra mente, comprenderemos la intención del Maestro de la vida. Percibiremos que fue el mayor emprendedor que se conoce.

Como ya dijimos, Jesucristo no vino a inaugurar una nueva escuela de pensamientos, nuevos rituales espirituales, ni dictar reglas de comportamiento, aunque haya establecido principios de conducta muy nobles. Su plan incluía a todos los hombres y a todas las mujeres de todas las religiones. Los judíos, los musulmanes, los budistas, los hinduistas, los sofistas, los negros, los blancos, los amarillos, los ricos, los miserables, las meretrices, los puritanos, los enfermos, los sanos, o sea, todos los seres humanos de cualquier época y cultura están incluidos en su proyecto.

El Creador, por medio de su Hijo unigénito, quiso dar a los mortales una longevidad que la medicina jamás soñó. Quiso establecer una justicia que los tribunales de todo el mundo jamás imaginaron que existiese. El más justo y dócil de los hombres vino a sangrar por nosotros y provocar la mayor revolución de la historia de la humanidad. ¡Qué plan más fenomenal!

A pesar de que el plan de Dios es inigualable, debemos indagar: si hay un Creador con infinita sabiduría, ¿por qué no planeó un modo más fácil de rescatar a la humanidad? ¿Por qué el Hijo del Altísimo tuvo que nacer en un pesebre, llevar una vida sencilla, dormir a la intemperie, ser torturado, su cuerpo azotado, ser humillado públicamente y, al final, morir lenta y dramáticamente clavado en una cruz de madera?

Para contestar a esas preguntas tenemos que leer muchas veces sus biografías y, en cuanto sea posible, vaciados de nuestros preconceptos para conseguir ver los problemas de la humanidad con los ojos del Maestro.

El problema está vinculado a dos puntos fundamentales de la esencia del ser humano: la debilidad física del cuerpo y la incapacidad de gobernar los pensamientos y las emociones. Vamos a entender mejor eso.

Un sacrificio para transformar lo mortal en inmortal

Desde pequeños estamos acostumbrados a detectar y solucionar problemas. No obstante, el mayor problema humano no puede ser extirpado: la muerte. El discurso constante y elocuente de Jesús sobre la vida eterna traía acoplado el concepto de que para Él, el cuerpo humano estaba fallo. No por enfermedades ordinarias, sino en su esencia, en su estructura física, por eso Él muere. El maestro nunca temió la muerte y nunca la encaró como un proceso natural, sino como un problema a ser extirpado de la historia humana.

Nadie ha logrado detener los procesos metabólicos que conducen a la vejez. Cuando estamos en lo máximo de la salud, tenemos la sensación de ser inmortales, pero morimos todos los días. Tenemos seguro de vida, seguro de salud, seguro del carro, ponemos rejas en las ventanas, alarmas en la casa, pero no podemos impedir que la vida se agote en lo íntimo de nuestro metabolismo.

Nada en este universo es eterno, estable. Ningún planeta, átomo o estrella dura para siempre. Según el hombre más misterioso que vivió en esta tierra, el Creador es el único que posee una vida que no sucumbe al caos, que no camina hacia el fin. Ese hombre, aparentemente solo un carpintero, dijo que era el «Pan de la vida» y que quienes comiesen de Él ¡tendrían vida eterna! Su ambicioso plan pretendía dar una vida sin fin a lo temporal. ¿Cómo es eso posible?

Él se hizo hombre para cumplir su justicia en lugar de la criatura humana. Diferente a todos los acreedores, se sacrificó para pagar la deuda que la humanidad tenía con su Padre. De esa forma, pudo dar gratuitamente algo inconcebible y que no se vendía a la humanidad: su naturaleza eterna y no creada. A sus ojos, solamente esa naturaleza puede hacer que los seres humanos transciendan la burbuja del tiempo, y salir de la condición de criaturas para recibir el estatus de hijos de Dios. Creer en eso entra en la esfera de la fe. Aun así, es imposible no reconocer la grandeza de su plan.

Jesús tenía todos los motivos para desistir delante de Anás, Caifás, Pilato y Herodes Antipas, terminando así con las sesiones de tortura; pero no lo hizo. Pensó en cada uno de sus amigos. Luchó sin golpear a ninguno de sus adversarios. Luchó hasta morir, una lucha que no era suya. Llevó su plan hasta las últimas consecuencias. En un ambiente donde solo era posible vociferar, gritar de dolor, odiar y condenar, optó por el silencio.

Para producir una nueva droga que combata enfermedades y prorrogue por algunos años la vida, se gastan millones de dólares. El Maestro de la vida gastó la energía de cada célula de su cuerpo para tornar en realidad el sueño de la inmortalidad.

Transformó la esencia del alma humana

Jesucristo no murió solo para tornar en realidad el sueño de la inmortalidad, sino para llevar al ser humano a navegar por las aguas de la emoción, y a desarrollar las funciones más altruistas de la inteligencia. Él anhelaba transformar y enriquecer la naturaleza de nuestra alma y nuestro espíritu. Sabía que por más que nos esforcemos, no logramos tener un placer estable, no sabemos amar, no sabemos entregarnos, no somos íntimos del arte de pensar, no sabemos ser libres, ni gobernar nuestras reacciones, principalmente en las situaciones tensas y estresantes en las que aumenta la «temperatura» de nuestras emociones.

No solo el cuerpo humano es frágil, sino también su estructura psicológica. Observe las reacciones que ocurren con frecuencia en el escenario de nuestras mentes: ¿Quién gobierna plenamente los pensamientos propios y las emociones? ¿Quién es líder de su mundo interior? Somos tímidos en el control de nuestras angustias y ansiedades.

Fácilmente perdemos la paciencia con los demás. Hasta la criatura más calmada tiene sus límites. Bajo determinados niveles de tensión puede reaccionar sin pensar, hiriendo a las personas que más ama.

El egoísmo y el individualismo son características que surgen instintiva y espontáneamente a lo largo del proceso de formación de la personalidad. El entregarse, el trabajo en equipo y la preocupación con el bienestar social exigen una excelente educación y un esfuerzo diario para ser incorporados y ejercidos.

Amamos el placer y anhelamos vivir días felices. Sin embargo, frecuentemente somos nuestros principales verdugos. Llenamos nuestra cabeza con pensamientos negativos, preocupaciones existenciales y problemas que aún no ocurrieron. Además de eso, tenemos dificultad en disfrutar de lo que poseemos y de contemplar lo bello en los pequeños momentos de la vida. De la niñez a la vejez, la inclinación natural de la emoción humana no es de una escalera ascendente de placer, sino de tristeza. Por lo general, los niños son más alegres que los adolescentes, quienes a su vez son más alegres que los adultos, que son más alegres que los ancianos.

Reflexione acerca de su experiencia: ¿Es usted más alegre hoy que en su pasado? Conquistamos dinero y cultura, pero poco a poco perdemos la capacidad de obtener placer de las cosas sencillas. Aunque haya ancianos en cuerpos de jóvenes y jóvenes en cuerpos de ancianos, con el paso del tiempo tenemos la tendencia de expandir varios «tugurios», «barrios bajos» y amontonar «basura» en la gran ciudad de la memoria. El fenómeno RAM (registro automático de la memoria), capta involuntariamente todos los conflictos, preocupaciones, pensamientos negativos, fobias y ansiedades en la memoria, llenando nuestro inconsciente, empeorando nuestra calidad de vida.

Nunca es mucho llamar la atención al hecho de que junto a la superabundancia de alimentos, haya millones de niños y adultos muriéndose de hambre. ¿Cómo es posible que no haya un grupo de líderes políticos, capaces de establecer criterios para que se instituya un impuesto mundial sobre el comercio exterior, para subsidiar la oferta de alimentos a los miserables de nuestra especie?

Somos blancos, negros, americanos, alemanes, franceses, brasileros, chinos, pero no sentimos pertenecer a la misma especie. No nos apasionamos los unos por los otros. ¿Cuántos de nosotros sentimos placer al entrar en el mundo más íntimo de los niños, de los compañeros de trabajo y de las personas próximas a nosotros? Una de mis mayores satisfacciones como psicoterapeuta es descubrir el interesante mundo interior de las personas que me buscan. Cada ser humano, por más anónimo que sea, posee una historia espectacular, pero no se da cuenta de eso. Tenemos el privilegio de ser una especie pensante, pero no siempre honramos nuestra inteligencia.

El Maestro de maestros, de la escuela de la existencia, dejó claro en sus pensamientos, parábolas, reacciones y en las críticas dirigidas a los fariseos, que la esencia del alma humana estaba enferma. Percibía que la insatisfacción y la ansiedad aumentaban con el pasar de los años. Por eso invitaba a las personas a beber de su desbordante placer de vivir, de su sabiduría, del amor que de Él fluía, de su mansedumbre.

Deseaba cambiar la esencia del alma. Planeó para los seres humanos la conquista de una vida lúcida, serena, sabia, alegre, tranquila y saturada de pasión por la existencia. Su propósito era lograr metas nunca alcanzadas por la filosofía ni por las ciencias sociales. Él vino con la mayor de todas las misiones: producir un nuevo ser humano feliz e inmortal.

11 | Las lecciones y el entrenamiento de las emociones del Maestro de la vida

Planificó el alma humana

El Hijo de Dios apareció en un pesebre y creció llevando una vida sencilla. Aprendió temprano el oficio de la carpintería. Para aquel que se presentó como el Autor del mundo, que dijo tener la más alta posición del universo, era una verdadera prueba construir tejados y encajar piezas de madera. A Él no le importó, no se avergonzaba de su humilde trabajo. Aunque su cultura fuera la más elevada de todos los tiempos, tuvo la humildad de ser criado por padres humanos y frecuentar la escuela de la vida. Fue un gran maestro porque aprendió a ser un gran alumno.

El carpintero de Nazaret tenía dos grandes oficios. El primero era trabajar con madera; el segundo y más importante, aquel que ocultaba su verdadera misión, era sondear el alma humana. Él vino para comprender las raíces más intimas del universo consciente e inconsciente de las personas. El Maestro de la vida exploró el mundo de los pensamientos y de las emociones como jamás lo hizo ningún investigador de la psiquiatría y de la psicología.

Mientras encajaba y pegaba las piezas de madera, el Maestro actuaba como el más excelente observador del comportamiento humano. Juan, su discípulo, escribió que Jesús «no tenía necesidad de que nadie le diese testimonio del hombre, pues él sabía lo que había en el hombre» (Juan 2.25). Sobrepasaba la cortina del comportamiento e investigaba con suprema habilidad los motivos de cada reacción humana.

Mientras se le hacían callos en las manos, Jesús comprendía las dificultades de las personas al lidiar con las pérdidas, críticas, ansiedades, frustraciones, soledad, sentimientos de culpa, fracasos. Cuando visitaba a sus amigos y andaba por las calles de la pequeña Nazaret, analizaba la ira, la envidia, los celos, la impaciencia, la inestabilidad, el disimulo, la prepotencia, el desánimo, la baja autoestima, la angustia, todo lo que consumía diariamente la vida de las personas. Nadie imaginaba que, escondido en la piel de un carpintero, se encontraba el más excelente Maestro de la vida. Nadie podría suponer que ese hombre, mientras golpeaba con los martillos, hacia un análisis muy detallado de la humanidad.

¿Cuál fue el resultado de tantos años de investigación y análisis del alma humana? No podría ser más sorprendente. Las palabras que dijo causaban asombro hasta a un ateo radical. Cuando comenzó a hablar, era de esperarse que Jesucristo condenara y castigara fuertemente a la humanidad, pues detectó todos sus defectos. Sin embargo, pronunció con la más alta elocuencia, palabras de dulzura y flexibilidad como nadie jamás lo hizo, ni antes ni después de Él. El perdón en su boca se volvió un arte; el amor se volvió poesía; la solidaridad, una sinfonía; la mansedumbre, un manual de vida.

Por amar intensamente al ser humano y percibir las fallas constantes de su alma, el Maestro de la vida, en vez de tejer críticas a las personas, acogió calurosamente a todos. Sabía que a la gran mayoría le gustaría ser paciente, gentil, solidaria, amable, pero no tenían estructura para controlar plenamente la energía emocional y el proceso de construcción de los pensamientos.

Cuando les decía a sus discípulos que ellos eran hombres de poca fe, no se estaba refiriendo a milagros sobrenaturales, sino al mayor de todos los «milagros naturales»: el dominio del miedo, de la envidia, de la ira, de la ansiedad, de la angustia, del desánimo.

Aquel que escudriñó el funcionamiento de la mente humana, no consideró la humanidad un proyecto fallido. Al contrario, vino a restaurarla de adentro hacia afuera, trajo mecanismos para rescatarla. Por eso honró y valoró a cada ser humano tal como es, con la esperanza de poder transformarlo.

Entrenamiento y transformación de las emociones

Un día recibí una llamada curiosa en mi oficina. Si no es un caso de urgencia, pido no ser interrumpido durante las consultas. Pero la persona insistió. Era alguien expresando no un problema, sino una gran alegría. Quería comentar sobre la experiencia que tuvo leyendo el segundo volumen de esta colección, *El Maestro de las emociones*. Me dijo que enfrentaba un grave conflicto que lo venía perturbando hacía décadas. Se sentía como un nuevo Hitler, pues cualquier pequeña ofensa le provocaba un odio intenso y casi asesino. No lograba controlar su rabia.

Comentó también que tenía el constante deseo de suicidarse, que la vida había perdido el sentido para él. Pasó por las manos de doce psiquiatras, sin éxito en el tratamiento. Ninguna medicación o procedimiento terapéutico había sido capaz de ayudarlo. Pero, después de comprender cómo caminaba Jesús por el territorio de la emoción, cómo lidiaba con los dolores y frustraciones de la vida, cómo superaba sus focos de tensión y cómo vivía el arte del amor, ocurrió una revolución en su vida.

Me dijo que la lectura de aquel libro cambió su historia. Comenzó a penetrar dentro de sí mismo y a reconsiderar los parámetros de su vida. Pasó a perdonar y a ser afectuoso con las personas que lo rodeaban. Una pasión por la vida floreció en lo íntimo de su alma. Se sentía libre y feliz como nunca. Comentó que fue el mejor regalo que recibió en sus sesenta años de edad, y por eso insistió en darme la noticia.

Me alegré mucho por él, pero estoy convencido de que la revolución que ocurrió en la vida de ese hombre no fue provocada por mí, como escritor, sino por la grandiosidad del personaje que describo. Varios relatos semejantes a ese me han llegado. El Maestro de las emociones cambia completamente la forma en que una persona ve al mundo y reacciona en las relaciones sociales. Ahora el Maestro de la vida nos muestra otro lado de su enseñanza: el entrenamiento de las emociones.

Mucho se ha escrito acerca del poder que tienen las emociones para influenciar el comportamiento y la inteligencia del ser humano, pero no saben que hace dos mil años hubo un Maestro especializado en entrenar las áreas más difíciles y más bellas de la energía emocional.

Él no impuso ninguna condición para acoger a las personas (Mateo 5.43-45). Por conocer las dificultades del ser humano para controlar sus emociones, enseñaba sistemáticamente que las relaciones sociales deben ser guiadas por la comprensión, la solidaridad, la paciencia, el respeto por las dificultades de los demás, el amor al prójimo, y no por el castigo y la condenación. Sabía que, sin esos atributos, no es posible disfrutar de una vida libre y feliz en esta sinuosa existencia.

Las lecciones de vida y el entrenamiento de las emociones que Jesús les dio a sus discípulos eran muy elevados y pueden enriquecer la historia de todos nosotros. Veamos algunos ejemplos.

Él enseñó el camino de la simplicidad. Aprender a ser simples por fuera, pero fuertes, lúcidos y seguros por dentro era una lección básica. Algunas personas pagan para aparecer en las columnas sociales, pero los que seguían sus huellas aprendían a valorar aquello que el dinero no compra y el estatus social no alcanza.

Ciertas personas parecen humildes, pero su humildad es enfermiza. Recientemente, un joven deprimido me buscó con una profunda apariencia de penuria. No me miraba a los ojos. Decía que era feo, sin preparación, que nadie se interesaba por él, y que no tenía inteligencia para realizar algo digno.

Muchos intentaron ayudarlo, pero nadie lo consiguió. Observando su rigidez disfrazada de humildad, lo miré a los ojos y le dije: «Usted es un dios». Espantado, me preguntó: «¿Cómo?» Contesté: «Sus verdades son absolutas, nadie consigue penetrar en su mundo. Usted cree plenamente en aquello que piensa. Solo un dios puede pensar de forma tan absoluta sin cuestionarse».

Entonces comenzó a entender que necesitaba abrir espacio para trabajar sus conflictos y renovar sus verdades. Entendió que detrás de la cortina de la humildad, había un hombre encerrado, autosuficiente, que actuaba como un verdugo de sí mismo. En psicología clínica, el «yo pasivo y castigador de sí mismo» es un problema más grande que la propia enfermedad del paciente.

La humildad que Jesús pregonaba era una celebración de la vida: Él era inteligente, cautivante y saludable, capaz de dejar atónitos a sus observadores. Le encantaba actuar con naturalidad y espontaneidad. No discriminaba a nadie. Cenaba en la casa de cualquier familia que lo invitase, y se sentía tan bien en medio de las personas que frecuentemente se reclinaba en la mesa.

Él nos enseñó a navegar en las aguas de las emociones. Una de las mayores dificultades de la educación clásica es no saber cómo enseñar a los jóvenes a lidiar con sus fracasos, angustias y miedos. El Maestro de la vida fue mucho más lejos en su entrenamiento. Entrenó a sus seguidores a transformar sus fracasos en alimento para sus victorias; los indujo a que no se conformasen con sus miserias emocionales sino a superarlas; los llevó a confrontar y vencer el miedo a las enfermedades, a la muerte, a ser excluidos socialmente, humillados, incomprendidos, abandonados, heridos.

Enseñó el camino de la tranquilidad. Entrenó a sus discípulos a encontrar la paz interior perdonando a sus enemigos. Enseñó que para amar a los demás, era necesario quitar la venda de los ojos y ver sus propias debilidades. Solo así tendrían más capacidad para comprender las causas de los comportamientos de quienes los herían (Mateo 7.3). No juzgándolos, sino comprendiéndolos, conocerían las razones que los motivaron a dar los golpes y producirían compasión. De esa forma, los enemigos dejarían de ser enemigos.

Jesús hizo de la capacidad de comprender y de ver al mundo con los ojos de los demás, las cualidades de los fuertes. Los débiles no resisten al impulso de criticar, pero los fuertes comprenden y aman. El mundo podía derrumbarse sobre el Maestro de la vida, pero nada le quitaba la tranquilidad o le perturbaba el sueño (Mateo 8.24). Tanta sabiduría lo transformó en el más tranquilo de los hombres, en el más calmado de los torturados, en el único reo que dirigió su juicio.

Enseñó a nunca desistir de la vida. En la parábola del hijo pródigo, el padre hizo callar al hijo cuando este comenzó a relatar sus errores. El hijo pródigo no necesitaba de sermones, de castigo, de críticas, pues el peso de las pérdidas ya lo había hecho demasiado infeliz. Él necesitaba del apoyo del padre, de su acogimiento, de su coraje para no desistir de la vida. Por eso, al contrario de todos los padres del mundo, en vez de hacerle una merecida crítica, preparó una gran fiesta para el hijo rebelde, insolente e insensible. Impresionado con la amabilidad del padre, el hijo aprendió que su mayor pérdida no habían sido los bienes que desperdició, sino la agradable presencia de su padre.

En esa parábola, el Maestro de la vida fue más lejos que cualquier humanista. Mostró que valoraba más a las personas que sus errores, más la vida que sus dificultades. También de esa historia extraemos que para Él, el regreso siempre es posible, aunque hayamos desperdiciado nuestras vidas totalmente y nos hayamos salido de nuestra trayectoria con pérdidas, frustraciones y fragilidades.

Ni el mismo Judas escapó a la gentileza del Maestro. Jesús tenía todos los motivos para exponer públicamente la traición de ese discípulo, pero además de haberlo protegido delante de los demás, lo trató con distinción hasta en el momento de la traición.

Enseñó a llorar cuando fuera necesario. Muchas veces nuestros sentimientos quedan reprimidos. No son pocos los que sienten la necesidad de llorar y no lo consiguen. El propio Jesús no tuvo miedo ni vergüenza de llorar. Una de las experiencias más importantes de Pedro fue cuando después de haber negado a Jesús, cayó en sí, reconoció que estaba encarcelado por el miedo y lloró. Al entrenar las emociones de Pedro, estaba entrenando las de todos nosotros.

Enseñó el camino de la autenticidad. Al decir, momentos antes de ser arrestado, que su alma estaba angustiada hasta la muerte, usó su propio dolor para entrenar a sus discípulos a ser auténticos, a no disfrazar sus sentimientos, sino más bien a aprender a hablar acerca de sus conflictos, aunque fuera con algunos amigos más íntimos. Desafortunadamente, muchos no son capaces de sincerarse para hablar de sí mismos.

Enseñó a respetar el derecho de decisión de las personas. El Maestro de la vida entrenó a los impulsivos a pensar antes de reaccionar, y a los autoritarios a exponer y no imponer sus ideas. Los discípulos aprendían con Él a no usar cualquier presión para convencer a las personas a adherirse a sus ideas. A pesar de decir que tenía el agua y el pan que mataban la sed y el hambre del alma, nunca obligaba a las personas a comer y beber lo que les ofrecía, solo las invitaba. Nadie era obligado a seguirlo. Nos dio una lección inolvidable: el amor solo consigue florecer en el suelo de la libertad.

Enseñó el arte de la sensibilidad. Hace poco tiempo, un amigo oncólogo me dijo que él y algunos de sus compañeros médicos, por cuidar de personas con cáncer y lidiar constantemente con la muerte, estaban perdiendo la sensibilidad, sentían dificultad para conmoverse con la angustia de los demás. En realidad, quien observa frecuentemente el dolor y la muerte, como los médicos, los enfermeros, los policías, los soldados en las guerras, se puede psicoadaptar a los sentimientos de las personas, perder la compasión y dejar de encantarse con la existencia, lo que es contrario a la calidad de vida.

Al valorar la historia y los conflictos de cada persona, el Maestro de la vida entrenaba la sensibilidad de sus discípulos. Su capacidad de entregarse era admirable. Los discípulos querían que estuviese en los niveles más altos del poder y de la fama, pero Él buscaba a los enfermos, los que estaban deprimidos, ansiosos y fatigados por la vida. Nunca alguien tan castigado, desarrolló de tal forma el más refinado arte de la sensibilidad.

Enseñó el camino de la contemplación de lo bello. Al animar a sus discípulos a mirar los lirios de los campos y a no gravitar en torno a los problemas del mañana, el Maestro los entrenaba para percibir que los valores más bellos de la vida están presentes en las cosas más sencillas (Mateo 6.28). Transitamos frecuentemente por largos y desgastantes caminos buscando la felicidad, sin percibir que lo que más buscamos, muchas veces está más cerca de nosotros que lo que imaginamos.

Enseñó el camino de las relaciones armoniosas y agradables. Entrenó a sus discípulos a apreciar la convivencia con los demás, para que fueran capaces de analizar los comportamientos de las personas, percibir sus sentimientos más ocultos, ser sabios y atrayentes al hablar. Los que convivían con el Maestro de la vida, pulían su postura áspera y cerrada, se tornaban serenos y sensibles. El propio Jesús era tan agradable que todos querían estar a su lado. Mujeres, hombres, ancianos y niños corrían para verlo, tocarlo y mantener algún diálogo con Él.

Las lecciones de vida y el entrenamiento de la emoción de Jesucristo revelan que, como hombre, alcanzó el tope de la sabiduría, de la mansedumbre, de la gracia, de la capacidad de entregarse, del respeto por los derechos humanos, de la preocupación por el destino de la humanidad. Por eso, aunque nunca haya tenido privilegios sociales, por donde pasaba provocaba un sentimiento placentero en las personas. Al encontrarlo, muchos renovaban sus esperanzas y volvían a encender el ánimo por la vida. Cuando lo arrestaron, todos quedaron desesperados e impacientes.

El resultado

Las lecciones de vida y el entrenamiento de las emociones ministrados por el Maestro, hicieron que pescadores rudos y sin ninguna calificación intelectual, después de su muerte, llevasen adelante la bandera de la revolución más grande de la historia.

Después de pasar por el refinado entrenamiento del Maestro, nunca más fueron los mismos, pues incorporaron poco a poco las más bellas e importantes características de la inteligencia: aprendieron a navegar en las aguas de la emoción, a superar el miedo, a perdonar, a disculparse, a derramar lágrimas, a abrir las puertas de la creatividad, a refinar el arte de pensar, a esculpir el lenguaje del amor. Esos hombres se volvieron una luz en el mundo oscuro y a veces inhumano. Estudiaremos ese tema en el quinto libro de esta colección, *El Maestro inolvidable.*

El mayor comunicador del mundo fue el mayor educador del mundo, tuvo el plan más grande del mundo, fue el mayor emprendedor del mundo, vivió el mayor plan del mundo y provocó la mayor revolución del mundo. El resultado es que billones de personas de todas las razas, culturas, religiones y condiciones socioeconómicas dicen seguirlo. Y la parte del planeta que dice no ser cristiana, también siente profunda admiración por Él.

Final del juicio: La gran sorpresa al salir de la casa de Pilato

Cuando alguien pierde el poder en una sociedad, es puesto en segundo plano y deja de influenciar al ambiente. Jesucristo, al contrario, logró un efecto extraordinario. Cuando asumió plenamente su condición humana, cuando dejó a un lado sus hechos sobrenaturales y su eximia capacidad de argumentación, fue sorprendentemente aun más fascinante.

Libre, hizo milagros y profirió discursos con increíble sabiduría, arrebatando a las multitudes. Arrestado, produjo miradas, pequeñas frases y gestos casi imperceptibles que nos dejan perplejos.

Ahora, fue juzgado y está mutilado. En menos de doce horas sus enemigos destruyeron su cuerpo. El Hijo del Hombre no tenía más fuerzas para caminar. Hicieron con Él lo que no hacían con ningún criminal condenado a la cruz.

El más amable y poderoso de los hombres sangraba abundantemente, tenía la cara desfigurada, los ojos deformados, los músculos del abdomen heridos. Casi no podía caminar. La piel de la espalda estaba abierta por los azotes, y su cuerpo, deshidratado.

Jesús aún se encontraba delante de Pilato y lo vio lavándose las manos. Presenció al gobernador haciendo la voluntad de los judíos y entregándolo para ser crucificado. El Maestro de la vida está profundamente herido y sin energía para cargar la cruz.

Allá afuera, una multitud de hombres y mujeres anhela recibir noticias. Desean saber el veredicto romano. De repente, un hombre casi irreconocible, cargando con inmensa dificultad una viga de madera, aparece.

La multitud queda aterrada. Parecía un espejismo. No creían lo que veían. El más manso de los hombres estaba profundamente herido. El hombre que hiciera milagros maravillosos estaba desfigurado. El único hombre que afirmó ser la fuente de la vida eterna se estaba muriendo. El poeta del amor sangraba.

La escena era impresionante. La angustia se apoderó de miles de hombres y mujeres. Una escolta de soldados fue hecha para abrir camino. Me quedo imaginando qué pasaba en la mente de aquellas personas sufridas que fueron cautivadas por Él y que ganaron un nuevo significado en la vida.

Quedo pensando en ¡cómo el sueño de esas personas se convirtió en una gran pesadilla! Perturbadas, tal vez cada una de ellas se preguntaría: «¿Será que todo lo que Él habló era real? ¿Será que la vida eterna, acerca de la cuál tanto habló, no existe? ¿Será que nunca más encontraremos a nuestros seres queridos que cerraron los ojos para siempre? Si Él es el Hijo de Dios, ¿dónde está su poder?»

El pueblo quedó estupefacto. Al contemplar al Maestro del amor vacilando y sin energía para cargar la cruz, no soportaron. Todos comenzaron a llorar. Lucas describe el desespero incontenible de aquellas personas (Lucas 23.27). La esperanza de los que vinieron de tan lejos para verlo se evaporó, como una gota de agua en el calor del medio día.

La sangre se escurría por la cabeza de Jesús y las lágrimas por la cara de los que lo amaban. La sangre y las lágrimas se mezclaron en uno de los más emotivos escenarios de la historia.

Aparentemente era el más fracasado de los hombres, pero a pesar de estar desfigurado, aún causaba gran impacto en las personas. Los hombres del Sanedrín y de la política romana no se imaginaban que fuera tan querido.

Estaba tan abatido que no tenía fuerzas para cargar aquello que más deseaba: la cruz. Se resbalaba frecuentemente, y por eso necesitó ayuda. Todo su cuerpo le dolía, sus músculos traumatizados mal se movían. No había, por lo tanto, condiciones físicas ni psíquicas para que se preocupase por nadie más, sino por sí mismo. Pero al observar las lágrimas de los que lo amaban, no soportó.

Se detuvo súbitamente. Alzó los ojos. Logró reunir fuerzas para decir unas palabras sublimes que aliviasen a la multitud inconsolable. Las palabras que profirió en su crucifixión, así como todos los misterios implicados en su trayectoria hacia el Gólgota, hasta el último latido de su corazón, serán analizados en el próximo libro de esta colección, *El Maestro del amor.*

Lecciones inolvidables

Nadie jamás dijo las palabras que Jesús pronunció mientras todas las células de su cuerpo morían. Él nos dio lecciones inolvidables del amanecer al anochecer de su vida en sus bellísimos discursos y en sus reacciones jadeantes. Nos demostró que la vida ¡es el mayor espectáculo del mundo!

La vida que late en la creatividad de los niños, en la despedida de los amigos, en el abrazo apretado de los padres, en la soledad de un enfermo, en el llanto de los que pierden a sus seres queridos, era considerada por el Maestro de maestros la obra principal del Autor de la existencia. Por eso, planeó derramar su alma en la muerte, para que la vida humana siguiese latiendo.

Cuando usted esté solo en medio de la multitud, cuando se equivoque, fracase y nadie lo comprenda, cuando las lágrimas que nunca tuvo el coraje de llorar se deslicen silenciosamente por su rostro y usted sienta que no tiene más fuerzas para seguir su jornada, ¡no se desespere!

¡Deténgase! ¡Haga una pausa en su vida! No dispare el gatillo de la agresividad y del autoabandono. ¡Enfrente su miedo! Haga de él un alimento para sus fuerzas. Libere su inteligencia, abra las ventanas, deje respirar a su espíritu. No sea un técnico de la vida, sino un pequeño aprendiz. Permítase ser enseñado por los demás, aprenda las lecciones de sus errores y dificultades. Libérese de la cárcel de la emoción y de los pensamientos negativos. ¡Jamás se psicoadapte a su miseria!

¡Acuérdese del Maestro de la vida! Él nos invitó a ser libres, ante las turbulencias, pérdidas y fracasos, sin haber ningún motivo aparente para que nos alegremos. Tenga la más legítima de todas las ambiciones: ¡Ambicione ser feliz! Sus emociones quedarán agradecidas.

Acuérdese que Jesucristo, un ser humano igual a usted, pasó por los más dramáticos sufrimientos y los superó con la más alta dignidad. Sea apasionado por la vida como Él. Acuérdese que, por amar apasionadamente a la humanidad, Él tuvo el más ambicioso plan de la historia. Recuerde que, en ese plan, usted es una persona única, y no solo otro número entre la multitud.

La vida que late en su alma lo hace especial, inigualable, por más dificultades que atraviese, por más conflictos que tenga. Por lo tanto: ¡Levante sus ojos y contemple el horizonte! ¡Vea lo que nadie logra ver! ¡Hay un oasis al final de su largo e hirviente desierto!

Sepa que las flores más bellas surgen después de los inviernos más rigurosos. Esté convencido de que, de los momentos más difíciles de su vida, usted puede escribir los más bellos capítulos de su historia.

¡Nunca desista de usted! Dése siempre una oportunidad. ¡Nunca desista de los demás! Ayúdelos a corregir las rutas de sus vidas. Pero, si no lo consigue, ahorre energía, proteja sus emociones y aguarde a que ellos quieran ser ayudados. Mientras tanto, acéptelos tal como son, ámelos con todos los defectos que tienen. Amar trae salud a las emociones.

Jesús encantaba a las personas con sus palabras. Las multitudes, al oírlo, renovaban sus fuerzas y encontraban ¡un nuevo significado para sus vidas! Él les devolvió la esperanza a muchos, aun cuando no tenía energía para hablar. Comprendió qué es ser hombre e hizo poemas sobre la vida, hasta sangrando. Pagó un precio carísimo para cultivar el árido suelo de nuestras emociones. Brilló donde no había ningún rayo de sol. Nunca más pisó en la tierra alguien tan fascinante, como el Maestro de la vida.

Apéndice Los hombres del Imperio Romano en la historia de Cristo: El momento social

Aquí el lector encontrará una síntesis de las características de la personalidad y de la actuación de los más importantes personajes del Imperio Romano que participaron directa o indirectamente en la historia del Maestro de maestros.

Herodes el Grande

Herodes el Grande era rey de Judea y de Galilea cuando Jesús nació. Su padre, Antipater, tuvo una posición de gran influencia en el gobierno de Hircano II, último rey judío. Antipater percibió que el futuro de Judea, donde está la ciudad de Jerusalén, estaría en las manos de Roma. Astutamente se ganó la amistad del emperador romano Julio César. Lo ayudó enviando hombres y dinero a algunas de sus batallas en 48 A.C. El emperador lo recompensó haciéndolo gobernador de Judea, Samaria y Galilea, territorios bajo el dominio de Hircano. De esa forma, a partir de Antipater, Israel dejó de tener su propio rey, algo inaceptable para su pueblo.

Herodes siguió perversamente la política de su padre. Habilidoso, sabía que no podía enfrentarse a los que dominaban el mundo y por eso se alió sucesivamente con los emperadores Pompeo, Julio César, Casio, Antonio y, finalmente, con Augusto. Por decreto del Senado romano, en 40 A.C., Herodes el Grande, se convirtió en rey de Judea. Su reinado fue desde 40 A.C. hasta 4 A.D., cerca de cuarenta y cuatro años. Fue el fundador de la última dinastía judía. Valiente, se apoderó de Jerusalén con el auxilio de dos legiones romanas.

A pesar de ser extremadamente violento, Herodes se mostró como gran constructor. Dedicó catorce años a la construcción de edificios públicos, incluso el teatro de Jerusalén. También edificó nuevas ciudades, la mayor de ellas era Cesarea, en homenaje al emperador. Su mayor obra fue la reedificación del templo. Sin embargo, el águila de oro, símbolo de la soberanía romana, que puso en lo alto de la entrada principal del templo, fue para el pueblo judío un recuerdo amargo y constante de la servidumbre impuesta por Roma.

Herodes era tan frío e inhumano que Augusto, el gran emperador romano, llegó a afirmar que prefería ser «uno de sus cerdos, que uno de sus hijos».

Al final de la vida de Herodes aparecieron algunos magos del Oriente en Jerusalén trayendo una noticia rara: el nacimiento de un niño especial, destinado a ser rey. La noticia corrió como un rayo entre los habitantes de la ciudad y llegó a los oídos del ambicioso Herodes. Convocados a su presencia, los magos relataron una visión impresionante. Habían visto una estrella brillante, diferente a todas las demás, que indicaba el noble nacimiento.

El miedo penetró en lo íntimo del alma de Herodes. Mostrando una falsa reverencia, pidió a los magos que, cuando encontrasen al niño rey viniesen a avisarle para que él también pudiera adorarlo. Quien ama el poder por encima de la propia conciencia cultiva la política con mentiras.

Como después de cierto tiempo los magos no regresaron el rey, sintiéndose traicionado, una vez más se dejó dominar por la cólera. Mandó asesinar a todos los niños menores de dos años de edad. Matando a los niños y partiendo el corazón de sus madres, Herodes mostró que los hombres de su estirpe nunca estuvieron preparados para gobernar ni para amar. El niño Jesús tuvo que huir. Apenas daba los primeros pasos y ya sentía en la piel la agresividad humana.

El calendario usado prácticamente en todo el mundo, establece el nacimiento de Cristo como el marco para la división de la historia. No obstante, ocurrieron algunos errores en los cálculos. Jesús habría nacido cerca de cuatro a cinco años antes de lo que es considerado el inicio de la era cristiana.

Poco tiempo después de haber asesinado a los niños, Herodes el Grande se enfermó mortalmente. La historia dice que comenzó a podrirse por dentro, siendo devorado por larvas. Sentía dolores terribles, que nada era capaz de aliviar. Cuando murió, su reino fue dividido entre sus hijos: Arquelao (Judea y Samaria), Herodes Antipas (Galilea y Berea) y Felipe (parte de Palestina).

Herodes Antipas

Herodes Antipas, hijo del rey Herodes el Grande, permaneció gobernando Galilea hasta la vida adulta de Jesús. Él fue quien mandó matar a Juan el Bautista, aquel que en el desierto de Judea anunciaba la llegada de Jesús y más tarde lo bautizó (Mateo 3.1). La ejecución de Juan el Bautista, está narrada en el capítulo catorce de Mateo. Herodes se encuentra con Jesús por primera vez durante el juicio, como lo registró Lucas en el capítulo veintitrés, versículos del ocho al doce, lo trató con desprecio y lo devolvió a Pilato.

Tiberio César, emperador

Tiberio no tuvo participación directa en los sufrimientos de Cristo. Jesús vivió gran parte de su niñez y de su vida adulta en el mundo dominado por ese emperador, que era un tirano. Por eso, indirectamente, las acciones de Tiberio se reflejaron en su historia y en su juicio, principalmente por medio del gobernador asignado a Judea, Pilato.

La efigie de Tiberio estaba estampada en el denario, moneda romana que remuneraba el trabajo de un día. Usando la efigie grabada en esa moneda, Jesús confundió la inteligencia de sus acusadores cuando dijo: «Dad a César (Tiberio) lo que es de César y a Dios lo que es de Dios» (Mateo 22.21).

Nunca hubo un reino tan grande y que perdurase por tantos siglos como el Imperio Romano. Era grande en poder, pero también en corrupción y violencia. La corrupción es un virus que infecta el poder. Nunca muere, solo queda latente. Los gobiernos que no lo combaten, se mueren por dentro.

Poncio Pilato

Después que Arquelao, hijo del rey Herodes, fue exilado a Galia en el 6 A.D., la dinastía herodiana se extinguió en Judea y en Samaria. Roma dejó de nombrar a los hijos de Herodes y pasó a asignar procuradores, los cuales gobernaban las regiones que estaban bajo su influencia directa. Pilato fue el quinto de los siete procuradores romanos que del 6 al 41 A.D. gobernaron Judea y Samaria. Pilato gobernó Judea por cerca de diez años.

Muchos pensaban que Pilato era un hombre justo. Ven su famoso gesto de «lavarse las manos» como una manifestación de justicia. Sin embargo, ni el gesto de Pilato ni su historia expresan justicia, sino más bien inhumanidad.

El historiador judío Filo, cita una carta del rey Agripa I, en la cual Pilato es señalado como «un hombre inflexible y de carácter incontrolablemente severo... Su administración estaba llena de corrupción, violencia, robos, malos tratos para con el pueblo judío, injurias, ejecuciones rápidas sin ninguna forma de juicio e intolerables crueldades».

La masacre mencionada en el registro de Lucas es una prueba de la crueldad de ese hombre (Lucas 13.1). En esa ocasión, algunos galileos fueron muertos por soldados de Pilato mientras ofrecían sacrificios en el templo. La sangre de ellos fue mezclada con la sangre de los sacrificios.

Pilato era tan arrogante que frecuentemente hería los sentimientos de libertad religiosa del pueblo judío. Despreciaba y provocaba a la cúpula judía. En el juicio de Jesús, desafió a los hombres del Sanedrín, diciendo: «He aquí vuestro rey» (Juan 19.14).

Israel hacía frecuentes sediciones contra el Imperio Romano, pues nunca aceptó su dominio. Todos los gobernadores temían una revuelta del pueblo judío. Pero Pilato no se incomodaba con ellos. Masacraba las revueltas.

Solo había un hombre a quien Pilato temía: el emperador Tiberio. Este era considerado el señor del mundo. Pilato temía que el emperador pudiera destituirle su poder. Pero su gobierno despótico y violento amotinó de tal forma a los judíos, que Vitelio, gobernador de Siria, envió un mensaje a Tiberio relatando los hechos de Pilato. Luego después de la muerte del emperador, su gobierno terminó repentinamente, y cuenta la historia que se suicidó.

[illegible] procurador de Judea y Samaria. Pilato gobernó Judea por cerca de diez años.

Muchos pensaban que Pilato era un hombre justo. Y su aparente gesto de lavarse las manos como una manifestación de justicia. Sin embargo, el gesto de Pilato [illegible] de su [illegible] inhumanidad.

El historiador judío Filón dice que [illegible] Pilato [illegible] hombre inflexible y de carácter [illegible] [illegible] una [illegible] llena de corrupción [illegible] robos [illegible] [illegible] ejecuciones [illegible].

La masacre mencionada en el registro de Lucas es una prueba de la crueldad de ese hombre (Lucas 13:1). En esa ocasión, algunos galileos fueron muertos por soldados de Pilato mientras ofrecían sacrificios en el templo. La sangre de ellos fue mezclada con la sangre de los sacrificios.

Pilato era tan arrogante, que frecuentemente hería los sentimientos de libertad religiosa del pueblo judío. Los despreciaba y provocaba a la cúpula judía. En el juicio de Jesús, desafió a los hombres del Sanedrín, diciendo: «He aquí vuestro rey» (Juan 19:14).

Israel hacía frecuentes sediciones contra el Imperio Romano, pues nunca aceptó su dominio. Todos los gobernadores tenían cautela del pueblo judío. Pero Pilato no se incomodaba con ellos [illegible] las revueltas.

Sólo había un hombre a quien Pilato temía: el emperador Tiberio. Este era considerado el señor del mundo. Pilato tenía [illegible] del [illegible] poder. Tenía un gobierno despótico y violento [illegible] Tiberio [illegible] de Pilato. Luego después de la muerte del emperador, su gobierno terminó trágicamente y [illegible].

Acerca del autor

Augusto Cury es médico, psiquiatra, psicoterapeuta y escritor. Posee un posgrado en Psicología Social, y desarrolló la teoría de la inteligencia multifocal, acerca del funcionamiento de la mente y el proceso de construcción del pensamiento.

Sus libros ya vendieron más de dos millones de ejemplares en Brasil y en más de cuarenta países, destacándose entre ellos: *A ditadura da beleza e a revolução das mulheres* [La dictadura de la belleza y la revolución de las mujeres]; *O Futuro da humanidade* [El futuro de la humanidad]; *Padres brillantes, maestros fascinantes; Nunca renuncies a tus sueños; Tú eres insustituible,* y la colección *Análisis de la Inteligencia de Cristo.*

Cury también es autor de *Inteligência Multifocal* [Inteligencia Multifocal]; *Doze semanas para mudar uma vida* [Doce semanas para cambiar una vida] y *Superando o cárcere da emoção* [Superando la cárcel de la emoción].

Conferencista en congresos nacionales e internacionales, es también director de la Academia de la Inteligencia, instituto que promueve el entrenamiento de psicólogos, educadores y del público en general.

Para hacer contacto con la Academia de la Inteligencia, acceda al sitio Web www.academiadeinteligencia.com.br.

OTROS TÍTULOS DE LA COLECCIÓN ANÁLISIS DE LA INTELIGENCIA DE CRISTO

El Maestro de maestros

En el primer volumen de la colección, Augusto Cury hace un original abordaje de la vida de ese gran personaje, revelando que su inteligencia era mucho más grandiosa de lo que imaginamos.

El Maestro de las emociones

El segundo volumen de la colección hace un análisis de cómo Cristo navegó en las aguas de la emociones e investiga por qué, a pesar de haber tenido todos los motivos para padecer de depresión y ansiedad, fue un ser alegre, libre y seguro.

El Maestro del amor

En el cuarto volumen, conocemos el amor incondicional que Jesús tenía por el ser humano. Augusto Cury revela las reacciones y las profundas palabras declaradas por el maestro en su lecho de muerte.

El Maestro inolvidable

El último libro de la colección estudia la fantástica transformación de la personalidad de los discípulos durante su peregrinación con Jesucristo y cómo desarrollaron con excelencia las inteligencias espiritual, multifocal, emocional e interpersonal.